utb 6135

**Eine Arbeitsgemeinschaft der Verlage**

Brill | Schöningh – Fink · Paderborn
Brill | Vandenhoeck & Ruprecht · Göttingen – Böhlau · Wien · Köln
Verlag Barbara Budrich · Opladen · Toronto
facultas · Wien
Haupt Verlag · Bern
Verlag Julius Klinkhardt · Bad Heilbrunn
Mohr Siebeck · Tübingen
Narr Francke Attempto Verlag – expert verlag · Tübingen
Psychiatrie Verlag · Köln
Ernst Reinhardt Verlag · München
transcript Verlag · Bielefeld
Verlag Eugen Ulmer · Stuttgart
UVK Verlag · München
Waxmann · Münster · New York
wbv Publikation · Bielefeld
Wochenschau Verlag · Frankfurt am Main

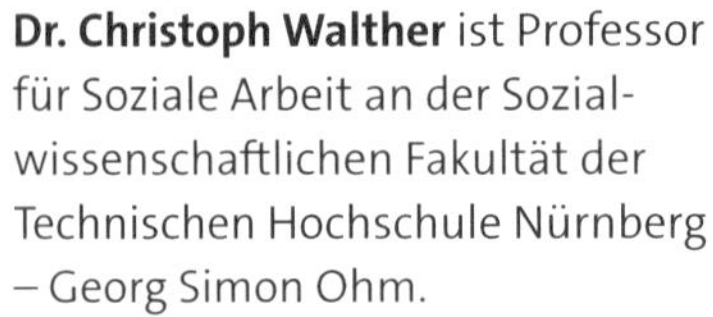

**Dr. Christoph Walther** ist Professor für Soziale Arbeit an der Sozialwissenschaftlichen Fakultät der Technischen Hochschule Nürnberg – Georg Simon Ohm.

**Dr. Ingo Palsherm** ist Professor für Rechtswissenschaften an der Sozialwissenschaftlichen Fakultät der Technischen Hochschule Nürnberg – Georg Simon Ohm.

# Datenschutz und Schweigepflicht in der sozialpsychiatrischen Arbeit

*Ingo Palsherm, Christoph Walther*

Psychiatrie Verlag

Ingo Palsherm, Christoph Walther
Datenschutz und Schweigepflicht in der sozialpsychiatrischen Arbeit
1. Auflage 2023

**Bibliografische Information der Deutschen Nationalbibliothek**
Die Deutsche Nationalbibliothek verzeichnet diese Publikation
in der Deutschen Nationalbibliografie;
detaillierte bibliografische Daten sind im Internet über
http://dnb.d-nb.de abrufbar.


Lektorat: Fabio Freiberg, Köln
Umschlagkonzeption: siegel konzeption I gestaltung, Stuttgart
unter Verwendung eines Fotos von willma / photocase.de
Typografiekonzeption: Iga Bielejec
Satz: Barbara Hoffmann, Leipzig
Druck und Bindung: Plump Druck und Medien GmbH,
Rheinbreitbach

**utb 6135**
ISBN: 978-3-8252-6135-1
eISBN: 978-3-8385-6135-6

# Abkürzungsverzeichnis

**A. A.** Andere Auffassung
**a. a. O** am angegebenen Ort
**Abs.** Absatz (bei der Zitation von Gesetzen)
**AEMR** Allgemeine Erklärung der Menschenrechte
**AEUV** Vertrag über die Arbeitsweise der Europäischen Union
**Art.** Artikel (bezogen auf Gesetztestexte)
**BDSG** Bundesdatenschutzgesetz
**BfDI** Bundesbeauftragter für den Datenschutz und die Informationsfreiheit
**BGB** Bürgerliches Gesetzbuch
**BGH** Bundesgerichtshof
**BSG** Bundessozialgericht
**BvE** Aktenzeichen für Verfassungsstreitigkeiten zwischen Bundesorganen
**BVerfG** Bundesverfassungsgericht
**BVerfGE** Entscheidungen des Bundesverfassungsgerichts
**BvR** Aktenzeichen einer Verfassungsbeschwerde zum Bundesverfassungsgericht
**DSG-EKD** Kirchengesetz über den Datenschutz der Evangelischen Kirche in Deutschland
**EU-DSGVO** Datenschutz-Grundverordnung. Ganz genau: Verordnung (EU) 2016/679 des Europäischen Parlaments und des Rates vom 27. April 2016 zum Schutz natürlicher Personen bei der Verarbeitung personenbezogener Daten, zum freien Datenverkehr und zur Aufhebung der Richtlinie 95/46/EG
**GG** Grundgesetz
**GmbhG** Gesetz betreffend die Gesellschaften mit beschränkter Haftung
**GRCh** Charta der Grundrechte der Europäischen Union
**i. S. d.** im Sinne der/des

**i. V. m.** in Verbindung mit
**juris** Gerichtsentscheidung entnommen aus der kostenpflichtigen Datenbank juris
**KDG** Gesetz über den Kirchlichen Datenschutz
**KDSGO** Kirchliche Datenschutzgerichtsverordnung
**KKG** Gesetz zur Kooperation und Information im Kinderschutz
**LAG** Landesarbeitsgericht
**LG** Landgericht
**lit.** Litera (lateinisch für Buchstabe, bei der Zitation von Gesetzen)
**LSG** Landessozialgericht
**m. w. N.** mit weiteren Nachweisen
**OLG** Oberlandesgericht
**Rn.** Randnummer (bei juristischen Kommentaren)
**S.** Satz (bei der Zitation von Gesetzen)
**SGB I** Sozialgesetzbuch (SGB) Erstes Buch (I) – Allgemeiner Teil
**SGB VIII** Sozialgesetzbuch (SGB) Achtes Buch (VIII) – Kinder- und Jugendhilfe
**SGB X** Sozialgesetzbuch (SGB) Zehntes Buch (X) – Sozialverwaltungsverfahren und Sozialdatenschutz
**StGB** Strafgesetzbuch
**StR** Strafrecht
**UN-Zivilpakt** Internationaler Pakt über bürgerliche und politische Rechte
**VG** Verwaltungsgericht
**Vgl.** Vergleiche

# Abbildungsverzeichnis

# Einige Worte vorweg

In dem vorliegenden Buch werden der Datenschutz und ein datenschutzkonformes berufliches Handeln im Arbeitsfeld der Sozialpsychiatrie zum Thema gemacht.

Beide Aspekte werden ausführlich und separat dargelegt und begründen die Zweiteilung des Buchs. Im ersten Teil wird ein Überblick gegeben und es werden die Grundlagen, die Struktur und die einschlägigen Regelungen im Datenschutz vorgestellt und erläutert (Strukturwissen). Auch wenn hier die erläuternden Beispiele durchgängig aus dem Bereich der Sozialpsychiatrie stammen, lassen sich die Ausführungen in diesem Teil grundsätzlich auch auf andere Arbeitsfelder in der Sozialen Arbeit übertragen. Teil 2 geht auf elf typische Anwendungssituationen im Kontext sozialpsychiatrischer Berufspraxis ein, beleuchtet sie aus datenschutzrechtlicher Perspektive und gibt Handlungsempfehlungen im konkreten Umgang, um im Berufsalltag Einzelfragen schnell nachschlagen zu können (Handlungswissen).

Das Ziel der Autoren ist es, sowohl einen ersten Zugang zum aktuellen Datenschutz nach der europäischen Datenschutz-Grundverordnung und ergänzenden deutschen Regelungen zu ermöglichen als auch für die praktische Arbeit einen »Handwerkskoffer« zur Verfügung zu stellen, um sich datenschutzkonform verhalten zu können.

Das Buch richtet sich gleichermaßen an Praktikerinnen und Praktiker aller Berufsgruppen, die im Arbeitsfeld Sozialpsychiatrie tätig sind, wie an interessierte Studierende, die sich mit allgemeinen oder speziell sozialpsychiatrischen Datenschutzfragen in ihrem Studium der Sozialen Arbeit, der Psychologie, der Pädagogik, der Heilpädagogik o. ä. befassen.

Das Buch beinhaltet einige didaktische Elemente, die den Lesenden einen Mehrwert bieten sollen und können:

- Die zahlreichen Fußnoten geben Hinweise auf vertiefende Literatur und Rechtsprechung für diejenigen, welche eine Spezialfrage vertiefen wollen oder müssen; es wurde jedoch Wert darauf gelegt, dass das Buch auch ohne das »Stöbern« in den Fußnoten verständlich bleibt und gut lesbar ist. Keinesfalls ist das Lesen der Fußnoten zwingend, um den fortlaufenden Text zu verstehen.

- Am Anfang vieler Ausführungen befindet sich ein Schaubild, mit dessen Hilfe das Gelesene direkt in den Kontext (auch optisch) eingeordnet werden kann.
- Viele Kapitel verweisen zu Beginn auf die jeweils einschlägigen Artikel der Datenschutz-Grundverordnung. Diese Vorschriften sind am ☞ ersichtlich. Es empfiehlt sich, die Rechtsnormen neben der Lektüre dieses Buches ebenfalls zu lesen.
- Jedes Kapitel schließt mit einer Zusammenfassung, die der Überprüfung dient, ob das Gelesene in seinen Kernaussagen erfasst worden ist, und die den eiligen Lesenden ein knappes bzw. orientierungsgebendes Resümee bietet. Es wird mit einem 📋 markiert.
- In den Praxisfällen werden die in den jeweiligen Situationen angesprochenen datenschutzrechtlichen Fragen mit dem Symbol ◎ hervorgehoben.

Das männliche und das weibliche grammatische Geschlecht werden in diesem Buch zufällig, abwechselnd und unspezifisch verwendet. Umfasst sind jeweils Menschen aller Geschlechter. Wenn ein bestimmtes Geschlecht relevant ist, so ist dies durch ein kennzeichnendes Adjektiv verdeutlicht, z. B. »die weibliche Patientin«.

Wir möchten alle Lesenden ermutigen, sich den Fragen des Datenschutzes zu stellen und einen praktikablen Umgang an der jeweiligen Arbeitsstelle zu finden. Auf den ersten Blick kann Datenschutz als unnötige Bürokratie oder als undurchschaubare komplexe Materie erlebt und in der Folge abgewehrt werden, die die direkte Beziehungsarbeit lediglich behindert und verkompliziert. Datenschutzkonforme Arbeit ist allerdings der Ausgangspunkt einer transparenten und vertrauensvollen Basis und guter Kooperation und damit die Grundlage jeder Beziehungsarbeit. Datenschutz kann nur in guter Zusammenarbeit mit Klienten, Mitarbeitenden, Einrichtungsleitung und Einrichtungsträgern gelingen.

*Ingo Palsherm und Christoph Walther*

# 1 Grundlegende Einführung in das Datenschutzrecht

Im ersten Teil des Buches geht es um grundsätzliche Fragestellungen zum Datenschutzrecht, um einen Überblick zur Rechtslage zu erhalten sowie mit dem Aufbau des Gesetzes und mit den einschlägigen Rechtsnormen vertraut zu werden:

- Welche Bedeutung hat der Datenschutz in der Sozialen Arbeit und im Bereich der Sozialpsychiatrie (Kap. 1.1)?
- Wie ist das Datenschutzrecht strukturell aufgebaut (Kap. 1.2)?
- Wie sollte ich mich als Fachkraft in der Sozialpsychiatrie im Hinblick auf den Datenschutz generell verhalten (Kap. 1.3)?
- Wann und wie darf ich konkret personenbezogene Daten verarbeiten (Kap. 1.4)?

## 1.1 Warum? Bedeutung des Datenschutzes in der Sozialen Arbeit

*Warum* soll man sich die »*Bürde des Datenschutzes*« überhaupt antun? Verhindert dieses nicht gerade eine praktikable Lösung? Einwände solcher Art hört man nicht selten, wenn die Sprache auf den Datenschutz kommt. In der Tat erfordert Datenschutz auch Anstrengungen und Mühen. Wenn man sich diesem Thema aber tiefergehend widmet, erkennt man schnell, dass es letztlich keine überzeugenden Argumente gegen ihn gibt und viele gute Gründe dafür – in der Sozialen Arbeit allgemein und hier im Speziellen in der sozialpsychiatrischen Arbeit.

Zunächst ist da das *menschenrechtliche Argument* für den Datenschutz. Art. 17 des Internationalen Paktes über bürgerliche und politische Rechte (sog. UN-Zivilpakt) von 1966 – eins der beiden ersten völkerrechtlich verbindlichen Menschenrechtsabkommen – verbietet willkürliche oder rechtswidrige Eingriffe in das Privatleben von Menschen, ihrer Familie, ihrer Wohnung und in ihren Schriftverkehr. Diese Vorgabe war zuvor bereits durch Art. 12 der Allgemeinen Erklärung der Menschenrechte von 1948 (AEMR) als allerdings noch nicht rechtlich bindende Resolution der Generalversammlung der Vereinten Nationen vorgezeichnet.[1] Das Verbot aus Art. 17 des UN-Zivilpaktes wird auf europäisch-völkerrechtlicher Ebene verstärkt durch das in Art. 8 der Europäischen Menschenrechtskonvention geschützte Recht auf Achtung des Privat- und Familienlebens. Der Datenschutz kann als eine konkrete Ausprägung des durch diese Vorschriften geschützten Rechts auf Achtung des Privat- und Familienlebens verstanden werden.[2] Ab Dezember 2009 wurde der Datenschutz dann sogar ausdrücklich in einer menschenrechtlichen Regelung benannt: Art. 8 der Charta der Grundrechte der Europäischen Union – und ähnlich Art. 16 des Vertrags über die Arbeitsweise der Europäischen Union (AEUV) – gewährt jeder Person ein ausdrückliches Recht auf Schutz der sie betreffenden personenbezogenen Daten. Schließlich ist Datenschutz nicht nur völker- und europarechtlich, sondern auch in der deutschen Bundesverfassung – dem Grundgesetz – verbürgt, welche das allgemeine Persönlichkeitsrecht und seine Ausprägung eines Grundrechts auf sog. informationelle Selbstbestimmung gemäß Art. 2 Abs. 1 i. V. m. Art. 1 Abs. 1 GG schützt.[3] Damit ist der einzelnen Person durch die Verfassung das Recht gewährt, selbst zu entscheiden, wann und innerhalb welcher Grenzen sie ihre persönlichen Lebenssachverhalte anderen offenbart.[4]

Ferner kann man den Datenschutz als ein *Argument verstehen, das aus einer akzeptierenden und wertschätzenden Haltung* gegenüber Klientinnen entspringt. Dahinter steht die Idee, jeden Klienten als Subjekt mit eigenen Vorstellungen anzuerkennen und nicht – gleichsam paternalistisch – die für ihn (vermeintlich) geeignete Lösung vorzugeben und ihn damit zum passiven Objekt des professionellen Handelns zu machen. Wenn man der einzelnen Person die für diese Haltung elementare Selbstbestimmung grundsätzlich zubilligt, verbietet es sich konsequenterweise, diese Autonomie nicht auch in Bezug auf die personenbezogenen Daten anzuerken-

1 *Durner* (2022) in: Maunz; Dürig: Grundgesetz-Kommentar, Art. 10 GG, Rn. 33 ff.

2 *Sobotta* (2023) in: Grabitz; Hilf; Nettesheim: Das Recht der EU, Art. 16 AEUV, Rn. 5 m. w. N. zur Rechtsprechung.

3 Grundlegend entwickelt durch das Bundesverfassungsgericht in seiner sog. Volkszählungsentscheidung (BVerfG v. 15.12.1983 – 1 BvR 209/83 – BVerfGE 65, 1–71).

4 So ausdrücklich BVerfG v. 15.12.1983 – 1 BvR 209/83 – BVerfGE 65, 1, 41 f.

nen.[5] Nur damit wird man dem Gedanken der Selbstbestimmung und der Klientin als Koproduzentin eines erfolgreichen Hilfeprozesses gerecht.[6]

Des Weiteren spricht für den Datenschutz ein *Argument aus dem Gedanken eines Schutzes* des Bürgers *gegenüber* der (zuweilen empfundenen) Asymmetrie im Verhältnis zur *»übermächtigen« Behördenverwaltung*. Die Behörde darf eben nicht »alles« mit den Daten des Bürgers machen, sondern ist rechtlich gebunden und eingeschränkt.[7]

Schließlich ist nicht zu verkennen, dass die Achtung der Daten eines anderen Menschen *praktische Vorteile für die Beziehungsarbeit* im Sinne einer transparenten, vertrauensvollen und nachvollziehbaren Beziehungsgestaltung besitzt. Nur wenn ein grundlegendes Vertrauen zwischen dem Klienten und der professionellen Kraft besteht, wird der Klient auch für den Hilfeprozess notwendige »sensible« Daten mitteilen.[8] Gerade für die Soziale Arbeit in der Sozialpsychiatrie, welche nicht selten mit Menschen zu tun hat, die misstrauisch sind, sich beobachtet oder fremdbeeinflusst fühlen, ist eine gute und vertrauensvolle Beziehungsgrundlage sehr hilfreich.

**Einerseits macht Datenschutz Mühe. Andererseits sprechen eine Vielzahl von Argumenten für ihn: Er ist menschen- und verfassungsrechtlich garantiert. Ferner entspricht er einer akzeptierenden und wertschätzenden Haltung für die Klientin und ihre autonome Selbstbestimmung. Zudem bietet er Bürgern Schutz gegen eine zuweilen als übermächtig empfundene Behördenverwaltung. Außerdem dient er einer transparenten und vertrauensvollen Beziehungsarbeit.**

5 Vgl. vertiefend auch *Krahmer; Palsherm* (2019): Der neue Sozialdatenschutz nach dem Inkrafttreten der EU-Datenschutz-Grundverordnung – mit besonderem Blick auf seine Bedeutung für die Sozialarbeit/-pädagogik, ZFSH/SGB, S. 600.

6 *Krahmer; Palsherm*, a. a. O. (Fußn. 5), S. 600 m. w. N.

7 *Krahmer; Palsherm*, a. a. O. (Fußn. 5), S. 600 m. w. N.

8 *Krahmer; Palsherm*, a. a. O. (Fußn. 5), S. 600 f. m. w. N.

## 1.2 Wo steht das? Überblick über die Struktur und die gesetzlichen Zusammenhänge

Nunmehr (hoffentlich) überzeugt vom Sinn und der Bedeutsamkeit des Datenschutzes, stellt sich als Nächstes die Frage, wo dieser konkret geregelt ist. Denn praktische Rechtsanwendung setzt immer bei der Identifizierung der einschlägigen Rechtsvorschriften an. Beim Datenschutzrecht besteht insofern die Herausforderung, dass es in vielen verschiedenen Gesetzeswerken geregelt ist. Kritiker sprechen zuweilen gar von einer »schwer verdaulichen [...] Datenschutz-Melange«[9] oder von der Identifikation der anzuwendenden Rechtsvorschrift als der »größten Herausforderung auf dem Weg zur Bearbeitung eines datenschutzrechtlichen Problems«[10]. Als sehr hilfreich hat sich hier das Bild des *»Mehrebenensystems«* des Datenschutzes erwiesen.[11] Abbildung 1 fasst die nachfolgend behandelten Ebenen überblicksartig zusammen:

Eine normhierarchisch führende Ebene bilden dabei *menschen- und verfassungsrechtliche Vorschriften* (s. o. unter Kap. 1.1), welche aber für die Rechtsanwendung aufgrund ihrer als Menschenrecht oder Verfassungsnorm naturgemäß hohen Abstraktion selten konkret Anwendbares beinhalten – abgesehen von Diskriminierungsverboten – und daher in der Abbildung 1 auch nicht eigens erwähnt worden sind.

### 1.2.1 Europäische Datenschutz-Grundverordnung (EU-DSGVO)

In der Rechtsanwendung schaut man daher als Erstes auf die *Europäische Datenschutz-Grundverordnung* (EU-DSGVO), weil sie – gemäß dem Prinzip vom Anwendungsvorrang des EU-Rechts[12] – Vorrang vor nationalem deutschem Recht bei der juristischen Fallbearbeitung hat (so auch § 1 Abs. 5 Bundesdatenschutzgesetz (BDSG) und im Ergebnis auch § 35 Abs. 2 S. 1 SGB I). Das heißt, nationale Gesetze sind nicht (mehr) anzuwenden, sofern sie im Widerspruch zur EU-DSGVO stehen.[13] Zudem

9 *Kunkel* (2022), in: Kunkel; Kepert; Pattar: Sozialgesetzbuch VIII, § 61 SGB VIII, Rn. 3.

10 *Kühling; Klar; Sackmann* (2021): Datenschutzrecht, Rn. 209.

11 Vgl. dazu *Krahmer; Palsherm*, a. a. O. (Fußn. 5), S. 601 m. w. N. Zur Prüfungsreihenfolge auch vertiefend *Pehl; Knödler* (2020): Datenschutz und Schweigepflicht in der Sozialen Arbeit, S. 31 f.

12 Zu diesem Anwendungsvorrang: BVerfG v. 21.06.2016 – 2 BvE 13/13, 2 BvR 2728/12, 2 BvR 2729/13, 2 BvR 2730/21, 2 BvR 2731/13, juris Rn. 115 ff., insb. 118 m. w. N.

13 *Pehl; Knödler*, a. a. O. (Fußn. 11) S. 33 unter 4.1.

**Abbildung 1 Mehrebenensystem des Datenschutzes**

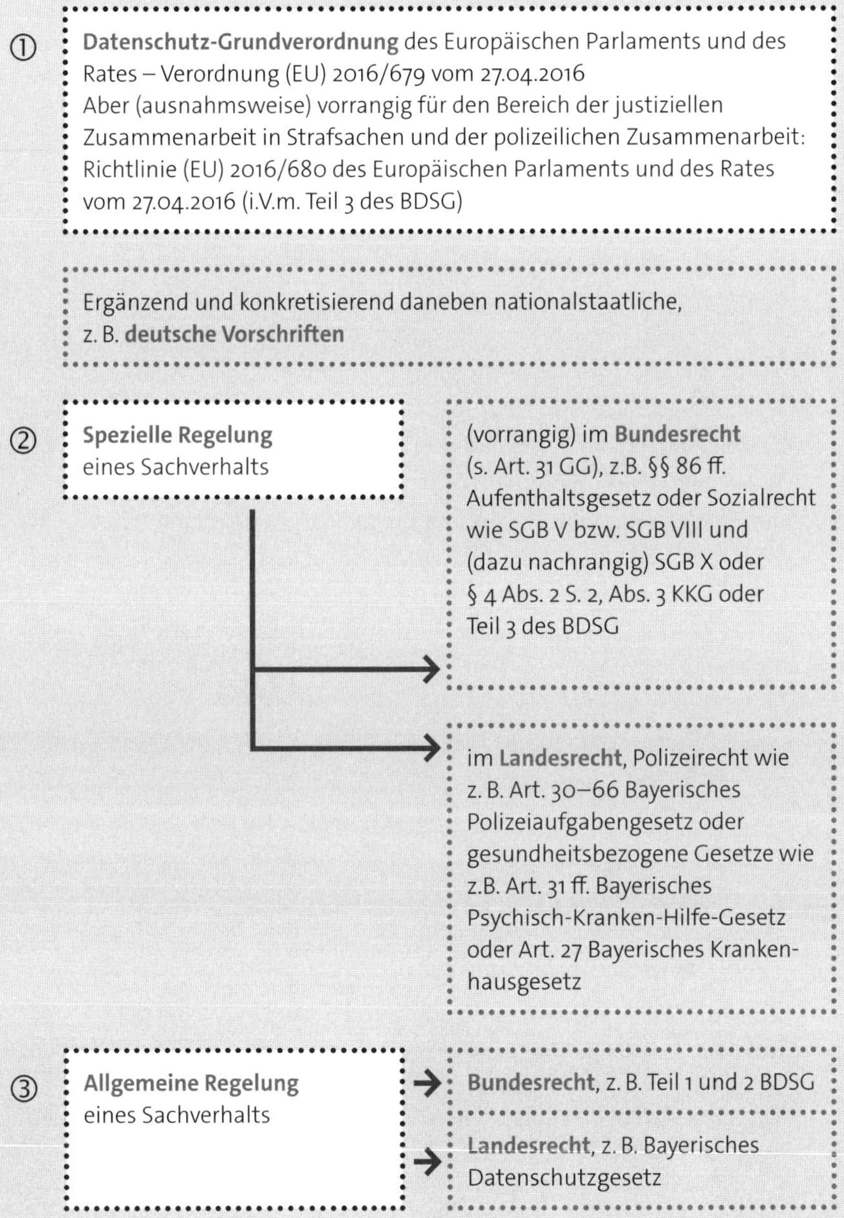

① **Datenschutz-Grundverordnung** des Europäischen Parlaments und des Rates – Verordnung (EU) 2016/679 vom 27.04.2016
Aber (ausnahmsweise) vorrangig für den Bereich der justiziellen Zusammenarbeit in Strafsachen und der polizeilichen Zusammenarbeit: Richtlinie (EU) 2016/680 des Europäischen Parlaments und des Rates vom 27.04.2016 (i.V.m. Teil 3 des BDSG)

Ergänzend und konkretisierend daneben nationalstaatliche, z. B. **deutsche Vorschriften**

② **Spezielle Regelung** eines Sachverhalts

→ (vorrangig) im **Bundesrecht** (s. Art. 31 GG), z.B. §§ 86 ff. Aufenthaltsgesetz oder Sozialrecht wie SGB V bzw. SGB VIII und (dazu nachrangig) SGB X oder § 4 Abs. 2 S. 2, Abs. 3 KKG oder Teil 3 des BDSG

→ im **Landesrecht**, Polizeirecht wie z. B. Art. 30–66 Bayerisches Polizeiaufgabengesetz oder gesundheitsbezogene Gesetze wie z.B. Art. 31 ff. Bayerisches Psychisch-Kranken-Hilfe-Gesetz oder Art. 27 Bayerisches Krankenhausgesetz

③ **Allgemeine Regelung** eines Sachverhalts

→ **Bundesrecht**, z. B. Teil 1 und 2 BDSG

→ **Landesrecht**, z. B. Bayerisches Datenschutzgesetz

besitzt sie als europäische Verordnung – vergleichbar einem deutschen Gesetz – unmittelbare Geltung (Art. 288 Abs. 2 AEUV).[14] Einen ersten Überblick über *Struktur und Inhalte der EU-DSGVO* gewährt Abbildung 2:

Der offizielle *deutsche Text der EU-DSGVO* ist auf der von der Europäischen Union betriebenen Seite »EUR-Lex« erhältlich: https://eur-lex.europa.eu/legal-content/DE/TXT/HTML/?uri=CELEX:32016R0679

Eine für die praktische Arbeit durch Verlinkungen schön aufbereitete, allerdings nicht offizielle Textquelle ist die von einer auf Datenschutz und IT-Sicherheit spezialisierten Beratungsfirma aus Hamburg betriebene Seite: https://dsgvo-gesetz.de/

Über die Artikel der Verordnung hinaus sind die 173 »*Erwägungsgründe*« der EU-DSGVO im Sinne einer Auslegungshilfe relevant.[15] Solche Erwägungsgründe werden europäischen Rechtsakten typischerweise vorangestellt und offenbaren wichtige Erkenntnisse zu den Zielsetzungen des Verordnungsgebers, weiteren Hintergründen und politischen Erwägungen beim Verordnungserlass.[16] Aus den Erwägungsgründen lässt sich oft der »Wille« des Gesetzgebers erschließen, der hinter den einzelnen Regelungen steht. Diesen zu kennen, hilft bei der Interpretation einer Bestimmung.

Die EU-DSGVO zielt darauf ab, Menschen bei der Verarbeitung »personenbezogener Daten« zu schützen (Art. 1 Abs. 1 EU-DSGVO). Inhaltliche Voraussetzung für die Anwendung der EU-DSGVO (sog. *sachlicher Anwendungsbereich*) ist, dass es um die (i) »ganz oder teilweise automatisierte« bzw. die (ii) »nichtautomatisierte Verarbeitung« solcher (iii) »personenbezogener« Daten geht, welche »in einem Dateisystem gespeichert« sind (s. Art. 2 Abs. 1 EU-DSGVO). Was bedeutet diese Vorgabe zum Anwendungsbereich nun konkret?

Die »*Verarbeitung*« von Daten umfasst letztlich alle Verhaltensweisen in Bezug auf Daten. Denn nach Art. 4 Nr. 2 EU-DSGVO geht es um jeden Vorgang im Zusammenhang mit personenbezogenen Daten, seien es das Erheben, das Erfassen, die Organisation, das Ordnen, die Speicherung, die Anpassung oder Veränderung, das Auslesen, das Abfragen, die Verwendung, die Offenlegung durch Übermittlung, Verbreitung oder eine andere Form der Bereitstellung, der Abgleich oder die Verknüpfung, die Ein-

14 Vgl. vertiefend zur Relation der EU-DSGVO zu nationalstaatlichen Regelungen: *Krahmer; Palsherm*, a. a. O. (Fußn. 5), S. 601.

15 *Krahmer; Palsherm*, a. a. O. (Fußn. 5), S. 601 m. w. N.

16 *Krahmer; Palsherm*, a. a. O. (Fußn. 5), S. 601 m. w. N.

**Abbildung 2 Struktur und Inhalte der EU-DSGVO**

| | |
|---|---|
| **Kapitel 1** | Allgemeine Bestimmungen (Art. 1–4), u. a. Anwendungsbereich und Begriffsbestimmungen |
| **Kapitel 2** | Grundsätze (Art. 5–11), u.a. allgemeine Grundsätze und Voraussetzungen für die Rechtmäßigkeit der Datenverarbeitung einschl. Anforderungen an Einwilligung |
| **Kapitel 3** | Rechte der betroffenen Person (Art. 12–23), u.a. Informationspflichten, Auskunftsrechte, Berichtigungs- und Löschungsrechte, Widerspruchsrechte |
| **Kapitel 4** | Verantwortlicher und Auftragsverarbeiter (Art. 24–43), u.a. Verantwortlichkeiten, Verarbeitungsverzeichnis, Sicherheit der Verarbeitung, interner Datenschutzbeauftragter |
| **Kapitel 5** | Übermittlung personenbezogener Daten an Drittländer oder an internationale Organisationen (Art. 44–50) |
| **Kapitel 6** | Unabhängige Aufsichtsbehörden (Art. 51–59) |
| **Kapitel 7** | Zusammenarbeit und Kohärenz (Art. 60–76) |
| **Kapitel 8** | Rechtsbehelfe, Haftung und Sanktionen (Art. 77–84) |
| **Kapitel 9** | Vorschriften für besondere Verarbeitungssituationen (Art. 85–91), u.a. im Beschäftigungskontext und bei Datenschutzvorschriften von religiösen Gemeinschaften |
| **Kapitel 10** | Delegierte Rechtsakte und Durchführungsrechtsakte (Art. 92–93) |
| **Kapitel 11** | Schlussbestimmungen (Art. 94–99), u.a. Inkrafttreten |

schränkung, das Löschen oder die Vernichtung. Diese Verarbeitung erfolgt *automatisiert,* wenn Datenverarbeitungsanlagen dabei verwendet werden. Dies beinhaltet als bewusst für zukünftige technologische Entwicklungen offener und daher weit zu verstehender Begriff alle erdenklichen Formen des Einsatzes solcher Techniken.[17] Darunter ist sämtliche Nutzung von Computern, aber auch beispielsweise die Nutzung einer Videoüberwachungsanlage in einer geschlossenen Einrichtung zu verstehen.[18]

Im Unterschied dazu umfasst die »*nichtautomatisierte* Verarbeitung« die rein manuelle Verarbeitung von Daten (s. Erwägungsgrund 15 Satz 2 der EU-DSGVO). Klassischer Anwendungsfall davon ist das Dokumentieren mit Stift auf Papier.[19] Zusätzliche Voraussetzung ist hier gemäß § 2 Abs. 1 EU-DSGVO die Speicherung »in einem Dateisystem«. Darunter versteht die Datenschutz-Grundverordnung eine strukturierte Datensammlung, die nach bestimmten Kriterien zugänglich ist (Art. 4 Nr. 6 EU-DSGVO). Dies ist anhand der (einfachen) Frage zu beurteilen, ob die Daten mindestens nach zwei Kriterien sortierbar sind. Sofern dies zutrifft, fasst man dies als Dateisystem auf.[20]

Wie sich aus dem Umkehrschluss zu Erwägungsgrund 15 Satz 3 der EU-DSGVO ergibt[21], fällt damit eine klassische Papierakte bereits dann unter die EU-DSGVO, wenn sie nach bestimmten Kriterien geordnet und nach zumindest zwei Kriterien sortierbar ist, wie etwa Geburts- oder Bearbeitungsjahr, Aktenzeichen oder Namen.[22] Wenn beispielsweise eine Sozialarbeiterin in einer sozialpsychiatrischen Einrichtung ihre (Papier-)Akten praktisch brauchbar und funktional führt, unterfällt dies somit dem Anwendungsbereich der Datenschutz-Grundverordnung. Lediglich nicht nach bestimmten Kriterien geordnete Daten wie z. B. völlig unsortierte Papierstapel, Notizzettel oder Post-its würden nicht der EU-DSGVO unterfallen.[23]

Als »*personenbezogen*« sind Daten einzuordnen, die sich auf eine identifizierte oder identifizierbare natürliche Person beziehen (Art. 4 Nr. 1 EU-DSGVO und Erwägungsgrund 26 Satz 1 der EU-DSGVO). »Identifi-

---

17 *Kühling; Klar; Sackmann*, a. a. O. (Fußn. 10), Rn. 225.

18 *Kühling; Klar; Sackmann*, a. a. O. (Fußn. 10), Rn. 225.

19 *Kühling; Klar; Sackmann*, a. a. O. (Fußn. 10), Rn. 228.

20 *Kühling; Klar; Sackmann*, a. a. O. (Fußn. 10), Rn. 228.

21 Der Erwägungsgrund normiert, dass nicht nach bestimmten Kriterien geordnete Akten nicht in den Anwendungsbereich der EU-DSGVO fallen. Danach muss für nach bestimmten Kriterien geordnete bzw. zu ordnende Akten im Gegenzug gelten, dass sie von der EU-DSGVO erfasst werden.

22 *Kühling; Klar; Sackmann*, a. a. O. (Fußn. 10), Rn. 228.

23 *Freund; Shagdar* (2018a): Sozialdatenschutz – europäisch? Sozialdatenschutzrecht im Lichte der Datenschutz-Grundverordnung, SGb, S. 195 u. 199.

ziert« in diesem Sinne ist jemand, wenn sich seine Identität unmittelbar aus der Information ergibt (z. B. »Otto Darmstadt, geb. 16.08.1974, wohnhaft Bahnhofstr. 87 in 90402 Nürnberg, ist Klient unserer sozialpsychiatrischen Einrichtung«).[24] Als »identifizierbar« gilt eine Person, wenn sich ihre Identität nicht unmittelbar aus den Daten selbst ergibt, aber durch die Verknüpfung mit weiteren Informationen klar wird, um wen es geht (z. B. »die von unserer sozialpsychiatrischen Einrichtung beratene Klientin mit der Kennziffer 2023/97«, s. Art. 4 Nr. 1 EU-DSGVO).[25]

Keine Anwendung findet das Datenschutzrecht der EU-DSGVO dagegen bei *anonymisierten* Daten, bei denen der Personenbezug nicht besteht oder derart aufgehoben ist, dass die betroffene Person nicht mehr identifiziert werden kann (Erwägungsgrund 26 Satz 5 und 6 der EU-DSGVO).[26] Darunter fällt beispielsweise die Angabe, dass eine sozialpsychiatrische Einrichtung 27 Klientinnen hat, bei denen eine rezidivierende depressive Störung nach ICD-10: F33 diagnostiziert worden ist. In der Praxis kann die Verarbeitung solcher Daten vor allem bei statistischen Erhebungen oder Forschungszwecken vorkommen. Außerdem sollten bei der Erörterung von Sachverhalten im Team oder in der Supervision die betroffenen Klientinnen nach Möglichkeit anonymisiert werden.[27]

Dagegen sind lediglich *pseudonymisierte* Daten[28], die durch Heranziehung weiterer Informationen einer identifizierbaren natürlichen Person zugeordnet werden können, wie Informationen über eine identifizierbare Person zu behandeln (Erwägungsgrund 26 Satz 2 der EU-DSGVO). Sofern durch die Pseudonymisierung die Identifizierbarkeit einer Person nur erschwert, aber nicht faktisch aufgehoben ist, handelt es sich also weiterhin um personenbezogene Daten.[29] Dies dürfte wohl der Regelfall sein. Dementsprechend ist die EU-DSGVO bei solchen pseudonymisierten Daten mit Personenbezug vollumfänglich anzuwenden.[30] Für die Bewertung als »*personenbezogene*« Daten spielt es dagegen keine Rolle, ob Daten ein

24 Vgl. *Kühling; Klar; Sackmann*, a. a. O. (Fußn. 10), Rn. 265; *Palsherm* (2021): Freie Träger und der Datenschutz im Sozialbereich, ZFSH/SGB, S. 14 ff.

25 *Kühling; Klar; Sackmann*, a. a. O. (Fußn. 10), Rn. 266; *Palsherm*, a. a. O. (Fußn. 24), S. 15.

26 *Hundt* (2019): Datenschutz in der Kinder- und Jugendhilfe, S. 40; Kühling; *Klar; Sackmann*, a. a. O. (Fußn. 10), Rn. 273.

27 *Papenheim* (2009): Schutz der Persönlichkeit durch Schweigepflichten und Datenschutz in der Sozialen Arbeit, Forum Sozial 1, S. 12 f.

28 Vgl. zur Pseudonymisierung auch die Definition in Art. 4 Nr. 5 EU-DSGVO.

29 *Dierks; Roßnagel* (2019): Sekundärnutzung von Sozial- und Gesundheitsdaten – Rechtliche Rahmenbedingungen, S. 129 und vertiefend S. 176 f.

30 *Kühling; Klar; Sackmann*, a. a. O. (Fußn. 10), Rn. 281; *Palsherm*, a. a. O. (Fußn. 24), S. 15.

Geheimnis oder offenkundig sind[31] oder ob sie eine negative Bedeutung haben oder nicht. Demnach sind beispielsweise auch die Anschrift und Wohnverhältnisse, der (auch im Telefonbuch veröffentlichte) Telefonanschluss, das Aussehen, die Bekleidung (und ihr Zustand), der Beruf, das Alter und der Rauschmittelkonsum personenbezogene Daten.[32]

### 1.2.2 Deutsches Datenschutzrecht

Durch die EU-DSGVO ist eine weitergehende Rechtsvereinheitlichung in den Mitgliedstaaten bezweckt, als diese mit der vormaligen Regelung in der europäischen Datenschutz-Richtlinie erreicht werden konnte, die noch der konkreten Umsetzung durch ein nationalstaatliches Gesetz bedurfte.[33] Gleichwohl wurde mit dem neuen »europäischen Datenschutzgesetz« aber *nicht* jede nationalstaatliche Regelung überflüssig. Insbesondere vor dem Hintergrund, dass eine »europäische Lösung« zuweilen auch einen Kompromiss zwischen den unterschiedlichen mitgliedstaatlichen Auffassungen notwendig macht, sieht die EU-DSGVO in größerem Umfang für den nationalen Gesetzgeber die Befugnis vor, die Verarbeitungsbefugnisse zu konkretisieren (vgl. z. B. in Art. 6 Abs. 1 lit. c) und e)[34] und Art. 9 Abs. 2 lit. b) EU-DSGVO) und Ausnahmen zu normieren (s. dazu beispielsweise Art. 9 Abs. 2 lit. a) und Abs. 4 EU-DSGVO).[35] Dies wird im Zusammenhang der Zulässigkeit von Datenverarbeitung in Kapitel 1.4.3 noch genauer erläutert. Der nationale Gesetzgeber darf dabei i. d. R. jedoch weder einen geringeren Schutz etablieren als die EU-DSGVO noch ausschließlich die europarechtliche Vorschrift wiederholen. Letzteres wäre im Hinblick auf das alleinige Interpretationsrecht des Europäischen Gerichtshofs für europarechtliche Vorschriften problematisch.[36] Es muss nämlich vermieden

---

31 S. aber anders für die Frage der Strafbarkeit des Geheimnisbruchs nach § 203 StGB, dazu vertiefend S. 64 ff. in diesem Buch.

32 *Papenheim*, a. a. O. (Fußn. 27), S. 13.

33 *Schantz* (2016): Die Datenschutz-Grundverordnung – Beginn einer neuen Zeitrechnung im Datenschutzrecht, NJW, S. 1841.

34 Bei diesen für die Tätigkeit von Sozialleistungsträgern sehr praxiswichtigen Erlaubnistatbeständen entsteht die »eigentliche Legitimationsgrundlage« für die Verarbeitung von Daten erst durch die mitgliedstaatliche Begründung einer »rechtlichen Verpflichtung« oder der Zuweisung einer »in Ausübung öffentlicher Gewalt« durchzuführenden Aufgabe (*Buchner; Petri* (2020) in: Kühling; Buchner (Hg.): DS-GVO, BDSG, Art. 6 DS-GVO, Rn. 73).

35 *Krahmer/Palsherm*, a. a. O. (Fußn. 5), S. 601.

36 *Bieresborn* (2017a): Sozialdatenschutz nach Inkrafttreten der EU-Datenschutzgrundverordnung, NZS, S. 887 f., mit einer Auflistung, welche vormaligen Vorschriften wegen dieses prinzipiellen Wiederholungsverbots gestrichen werden mussten. So im Ergebnis auch *Freund; Shagdar*, a. a. O. (Fußn. 23), S. 198; *Pehl; Knödler*, a. a. O. (Fußn. 11), S. 41 unter 4.2, und *Schantz*, a. a. O. (Fußn. 33), S. 1841 f., freilich mit dem zutreffenden Hinweis, dass Erwägungsgrund 8 EU-DSGVO aus Gründen

werden, dass gleichlautende Bestimmungen im europäischen Recht durch den Europäischen Gerichtshof anders ausgelegt werden als nationalstaatliches Recht durch die nationalen Gerichte.

Gemäß dem Mehrebenensystem des Datenschutzes (siehe Abbildung 1, S. 15) ist auf der nächsten Ebene nach der europarechtlichen damit das *nationale Datenschutzrecht* weiterhin dann relevant, wenn die EU-DSGVO eine Fragestellung nicht abschließend und umfassend geregelt hat.[37] Das deutsche Datenschutzrecht ist in einer Vielzahl von unterschiedlichen Gesetzen auf Bundes- und auf Landesebene normiert. Mithin muss bei der *Bestimmung des konkret anwendbaren nationalen Rechts* zunächst geprüft werden, ob ein Sachverhalt eine spezialgesetzliche und damit nach allgemeinen Rechtsgrundsätzen vorrangige Regelung erfahren hat.[38] Sollte sich dabei einmal das Problem ergeben, dass sowohl auf der Bundes- als auch der Landesebene spezialisierte Regelungen vorliegen, verdrängt das Bundesrecht gemäß Art. 31 GG das Landesrecht, geht ihm also vor.[39] Wenn eine solche Spezialregelung fehlt, sind die »allgemeinen« Regelungen des Datenschutzrechts anwendbar. Hier ist zu unterscheiden, ob die zu klärende datenschutzrechtliche Fragestellung unter die Rechtsetzungskompetenz des Bundes oder der Länder fällt. Ersteres wird dann vom Bundesdatenschutzgesetz und Letzteres vom jeweiligen Landesdatenschutzgesetz des örtlich einschlägigen Bundeslandes geregelt.

Bereichsspezifische und damit vorrangige Regelungen ergeben sich auf Ebene des Bundesrechts beispielsweise[40]

- für Sozialleistungsträger (wie die Kostenträger für die sozialpsychiatrische Arbeit) aus dem Sozialgesetzbuch im Hinblick auf den Sozialdatenschutz (s. § 35 SGB I, §§ 67 ff. SGB X),
- vorrangig und ergänzend dazu für die Datenverarbeitung beim Träger der öffentlichen Jugendhilfe aus §§ 61 ff. SGB VIII oder

---

der Kohärenz eine Wiederholung des Verordnungstextes im nationalen Recht billige, wenn die EU-DSGVO Präzisierungen oder Einschränkungen ihrer Vorschriften durch das mitgliedstaatliche Recht vorsehe.

37 Ähnlich *Kühling; Klar; Sackmann*, a. a. O. (Fußn. 10), Rn. 210 ff., 219 und auch 340.

38 Prinzip »lex specialis derogat legi generali«: *Kühling; Klar; Sackmann*, a. a. O. (Fußn. 10), Rn. 281; *Palsherm*, a. a. O. (Fußn. 24), S. 15.

39 Damit wird das allgemein im Recht geltende Kollisionsprinzip aufgegriffen, dass höherrangiges Recht das niederrangige verdrängt (Prinzip »lex superior derogat legi inferiori«).

40 Weitere Spezialvorschriften auf Ebene des Bundesrechts finden sich z. B. im Ausländerrecht (§§ 86 ff. Aufenthaltsgesetz), Medien- und Telekommunikationsrecht (Telekommunikation-Telemedien-Datenschutz-Gesetz – TTDSG) und Postrecht (*Kühling; Klar; Sackmann*, a. a. O. (Fußn. 10), Rn. 59 und 215; *Krahmer; Palsherm*, a. a. O. (Fußn. 5), S. 602).

- bei der Übermittlung von Daten durch eine Sozialarbeiterin an das Jugendamt als Träger der öffentlichen Jugendhilfe in Fällen des Verdachts auf eine Kindeswohlgefährdung aus § 4 Abs. 2 S. 2 bzw. Abs. 3 des Gesetzes zur Kooperation und Information im Kinderschutz (KKG). Dies kann beispielsweise relevant werden, wenn im Rahmen aufsuchender Hilfe in der sozialpsychiatrischen Arbeit Tätige erkennen, dass ein alleinerziehender Klient sein kleines Kind in Folge seiner depressiven Störung ganz erheblich vernachlässigt.

*Im jeweiligen Landesrecht* eines Bundeslands finden sich spezifische Regelungen in den Polizeigesetzen und insbesondere für den Gesundheitsbereich und in Bezug auf die Tätigkeit der Krankenhäuser in den Landeskrankenhausgesetzen[41], ferner in den Psychisch-Kranken-Gesetzen[42] oder spezifischen Gesetzen zum Gesundheitsdatenschutz[43].

*Im allgemeinen Datenschutzrecht* gibt es das Bundesdatenschutzgesetz und die verschiedenen Landes-Datenschutzgesetze. Die Anwendung von Bundes- oder Landesrecht bemisst sich entsprechend der grundgesetzlich zugewiesenen Rechtsetzungskompetenz für bestimmte Lebensbereiche.[44] Der Bund hat im vorliegenden Zusammenhang insbesondere die Gesetzgebungskompetenz für das Recht der Wirtschaft nach Art. 74 Nr. 11 GG, was die verfassungsrechtliche Grundlage des Bundesdatenschutzgesetzes ist, und auch für zahlreiche bereichsspezifische Regelungen (s. dazu bereits oben). Außerdem ist der Bund zuständig für die Regelung des Datenschutzes bei öffentlichen Stellen des Bundes wie Bundesministerien. Dagegen besitzen die Länder die Kompetenz zur Regelung für die unter Landeshoheit stehenden öffentlichen Stellen wie Landesbehörden oder kommunale Behörden[45] und für zahlreiche spezialgesetzliche Materien (s. dazu bereits oben).

Schließlich ist für die *freien Wohlfahrtsträger in kirchlicher Trägerschaft*, wie Diakonie und Caritas, als Besonderheit zu beachten, dass das Europarecht nationale Kompetenzen auf dem Gebiet des Religionsrechts prinzipiell nicht antastet und schützt (s. Art. 17 Abs. 1 AEUV), sodass ihnen nach Art. 91 Abs. 1 EU-DSGVO das Recht zugestanden wird, ihr eigenes

41 Z. B. Art. 27 Bayerisches Krankenhausgesetz, §§ 7 ff. Hamburgisches Krankenhausgesetz oder § 12 Hessisches Krankenhausgesetz.

42 Z. B. Art. 32 ff. Bayerisches Psychisch-Kranken-Hilfe-Gesetz, §§ 27 ff. Hamburgisches Gesetz über Hilfen und Schutzmaßnahmen bei psychischen Krankheiten.

43 Z. B. Gesundheitsdatenschutzgesetz Nordrhein-Westfalen.

44 *Kühling; Klar; Sackmann*, a. a. O. (Fußn. 10), Rn. 212; *Palsherm*, a. a. O. (Fußn. 24), S. 15.

45 *Kühling; Klar; Sackmann*, a. a. O. (Fußn. 10), Rn. 215.

»kirchliches« Datenschutzrecht zu haben, sofern dieses »im Einklang« mit der EU-DSGVO steht.[46] Nach z. T. bestrittener, aber überzeugender Auffassung fällt nicht nur die im Wortsinn engere »kirchliche Arbeit«, sondern auch die in privatrechtlicher Form organisierte Tätigkeit der Kirchen, z. B. die von der Diakonie in Form einer GmbH betriebene ambulante Hilfe für chronisch psychisch Erkrankte, unter den Anwendungsbereich des »Kirchenrechts«.[47] Damit gelten für die kirchlichen Wohlfahrtsträger folgende Gesetze, die aber eine sehr starke Übereinstimmung mit der EU-DSGVO und dem staatlichen Recht aufweisen[48]:

- für die katholische Kirche[49] (a) das Gesetz über den Kirchlichen Datenschutz (KDG), in Kraft seit 24.05.2018, und (b) die Durchführungsverordnung zum Gesetz über den Kirchlichen Datenschutz (KDG-DVO), in Kraft seit 01.03.2019, sowie (c) ergänzt durch die Kirchliche Datenschutzgerichtsverordnung (KDSGO)[50], in Kraft seit Mai 2018
- für die evangelische Kirche[51] (a) das Kirchengesetz über den Datenschutz der Evangelischen Kirche in Deutschland (DSG-EKD) und (b) z. T. landeskirchliche Durchführungsgesetze

Im Ergebnis hängt die Anwendbarkeit allgemeiner, nationaler Datenschutzregelungen bei nichtkirchlichen Trägern also davon ab, wer der hinter einer konkret handelnden Stelle stehende Rechtsträger ist. Ist der Handelnde in privatrechtlicher Rechtsform organisiert (z. B. wie bei freien Trägern der Wohlfahrtspflege häufig als gemeinnütziger Verein, gemeinnützige GmbH oder gemeinnützige Stiftung), handelt es sich um eine sog. nichtöffentliche Stelle nach § 2 Abs. 4 BDSG. Diese Träger orientieren sich bei der automatisierten Datenverarbeitung (z. B. mittels Computer) oder bei der nichtautomatisierten Datenverarbeitung mit Speicherung in einem Dateisystem prinzipiell am *Anwendungsbereich des BDSG* – ergänzend zur EU-DSGVO (§ 1 Abs. 1 S. 2 BDSG).[52] Wer dagegen für die Kommune – z. B. die Stadt

46 Vgl. dazu vertiefend *Palsherm*, a. a. O. (Fußn. 24), S. 21 m. w. N.

47 Vgl. dazu vertiefend *Palsherm*, a. a. O. (Fußn. 24), S. 22 m. w. N.

48 Vgl. für eine Übersicht über die Abweichungen *Palsherm*, a. a. O. (Fußn. 24), S. 23.

49 Alle Rechtsvorschriften erhältlich unter: https://www.dbk.de/ueber-uns/verband-der-dioezesen-deutschlands-vdd/dokumente/ (26.02.2023). Vgl. zum KDG auch vertiefend *Papenheim* (2018), SRa, S. 219 ff.

50 Vgl. zu den kirchlichen Gerichten in Datenschutzangelegenheiten: https://www.dbk.de/themen/kirche-staat-und-recht/kirchliche-gerichte-in-datenschutzangelegenheiten/ (26.02.2023).

51 DSG-EKD erhältlich unter: https://www.kirchenrecht-ekd.de/document/41335 (26.02.2023) und Datenschutzdurchführungsgesetze (unterteilt nach Regionen) unter https://datenschutz.ekd.de/datenschutzrecht/ (26.02.2023).

52 Zur Ausnahme bei kirchlicher Trägerschaft s. o.

Nürnberg – als Sozialarbeiterin arbeitet, richtet sich – wiederum ergänzend zur EU-DSGVO – bei der Ausführung des Sozialgesetzbuches nach dem *Anwendungsbereich des SGB X* und in den übrigen Tätigkeiten nach dem *Anwendungsbereich des jeweiligen Landesdatenschutzgesetzes* (s. § 1 Abs. 1 S. 1 Nr. 2 BDSG i. V. m. Landesrecht wie z. B. Art. 1 Abs. 1 S. 1 BayDSG).

Datenschutz ist in einer solchen Vielzahl von Vorschriften geregelt, dass eine Strukturierung (erst) mit dem Bild des »Mehrebenensystems« gelingt: Verfassungsrechtliche Vorgaben wie das Grundrecht auf informationelle Selbstbestimmung, das Recht auf Schutz personenbezogener Daten und völkerrechtliche Vereinbarungen bilden die oberste Ebene. Die konkrete Falllösung setzt dagegen i. d. R. auf der nächsten Ebene an (= die erste Ebene in Abbildung 1), die mit der unmittelbar anwendbaren EU-Datenschutz-Grundverordnung konkrete Vorgaben für die Verarbeitung personenbezogener Daten macht. Im Rahmen der dort enthaltenen Öffnungsklauseln für nationalstaatliche Regelungen findet in ausgewählten Feldern eine Ergänzung der europarechtlichen Regeln auf der nachfolgenden Ebene mit mitgliedstaatlichen Datenschutzvorschriften statt.

Im deutschen Recht finden sich Spezialregelungen für bestimmte Bereiche wie bundesgesetzlich z. B. für den Sozialdatenschutz, den Kinderschutz, das Ausländerrecht, das Medien-, Telekommunikations- und Postrecht sowie landesgesetzlich für Teile des Gesundheitswesens. Soweit keine Spezialmaterie vorliegt, gilt das allgemeine Bundesdatenschutzgesetz (BDSG), so weit wie die Gesetzgebungskompetenz des Bundes reicht, und im Zuständigkeitsbereich der Länder das jeweilige Landesdatenschutzgesetz. Freie (und auch gewerbliche) Träger im Sozialbereich unterfallen damit prinzipiell dem Anwendungsbereich der EU-Datenschutz-Grundverordnung und ergänzend dem Bundesdatenschutzgesetz, z. B. bei einer von der AWO als einem freien Träger der Wohlfahrtspflege betriebenen betreuten Wohneinrichtung für Menschen mit chronischer psychischer Erkrankung. Für kirchliche Träger wie Caritas oder Diakonie gilt das kirchliche Datenschutzrecht.

# 1.3 Wie muss ich mich generell verhalten? Grundlegende Prinzipien für die datenschutzgerechte Arbeit

**Art. 5 EU-DSGVO**

Die Datenschutz-Grundverordnung stellt einige allgemeine Grundsätze für die Verarbeitung personenbezogener Daten auf (s. Art. 5 EU-DSGVO). Diese Prinzipien sollten jederzeit die *Richtschnur für das eigene Verhalten* im Hinblick auf Datenverarbeitung sein. Dann ist es sehr wahrscheinlich, dass man sich bereits datenschutzkonform verhält. Außerdem riskiert man damit kein Bußgeld gemäß Art. 83 Abs. 5 lit. a) EU-DSGVO. Es handelt sich also mitnichten um unverbindliche Programmsätze.[53] Abbildung 3, Seite 26, fasst die Grundsätze überblicksartig zusammen[54].

Im Folgenden werden diese Grundsätze in der Reihenfolge erläutert, in der sie in Art. 5 EU-DSGVO genannt werden[55]:

**Prinzip der Rechtmäßigkeit und der Verarbeitung nach Treu und Glauben** (Art. 5 Abs. 1 lit. a) EU-DSGVO): Das Gebot der Rechtmäßigkeit der Verarbeitung von Daten bedeutet, dass man immer eine Erlaubnis für jede (!) Datenverarbeitung braucht; anderenfalls ist diese unzulässig (sog. *Verbot mit Erlaubnisvorbehalt*[56]). Zuweilen wird das Prinzip auch sehr anschaulich als »Verbot mit Zulässigkeitstatbeständen« bezeichnet[57], d. h., Datenverarbeitung ist verboten, es sei denn, sie wird durch eine gesetzliche Regelung ausnahmsweise als zulässig erlaubt. In der Praxis sollte man sich daher bei jedem Umgang mit Daten fragen, ob man entweder die konkrete einzelfallbezogene Einwilligung der betroffenen Person hat oder sich auf eine einschlägige gesetzliche Rechtsgrundlage berufen kann, welche die Datenverarbeitung erlaubt (s. auch Erwägungsgrund 40 zur EU-DSGVO).[58]

Das Gebot der Rechtmäßigkeit wird durch den Grundsatz von »*Treu und Glauben*« ergänzt. Dadurch ist ein Auffangtatbestand für nicht durch andere Bestimmungen erfasste Konstellationen geschaffen worden, der auf

53 *Freund; Shagdar*, a. a. O. (Fußn. 23), S. 200.

54 Vgl. *Palsherm*, a. a. O. (Fußn. 24), S. 16.

55 Vgl. auch *Palsherm*, a. a. O. (Fußn. 24), S. 17 f.

56 *Hundt*, a. a. O. (Fußn. 26), S. 51; *Schantz* (2023) in: Wolff; Brink (Hg.): BeckOK Datenschutzrecht, Art. 5 DS-GVO Rn. 5.

57 *Kühling; Klar; Sackmann*, a. a. O. (Fußn. 10), Rn. 334.

58 Vgl. vertiefend zu den Erlaubnistatbeständen unter Kap. 1.4.2 und Kap. 1.4.3 sowie *Krahmer; Palsherm*, a. a. O. (Fußn. 5), S. 607 ff.

Abbildung 3 **Grundsätze für die Verarbeitung personenbezogener Daten** (Art. 5 EU-DSGVO)

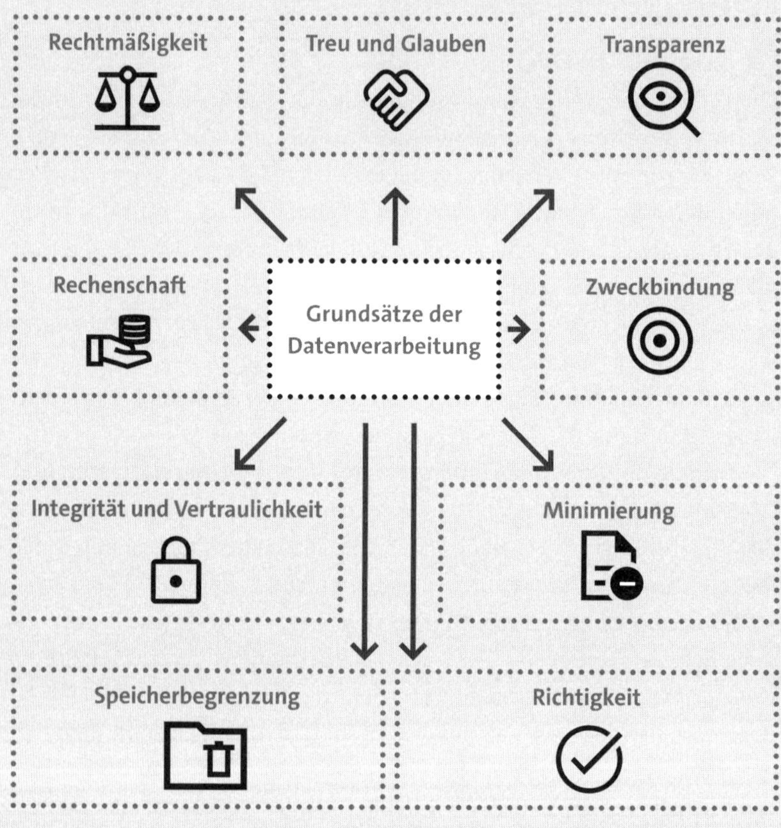


die Vermeidung individueller Nachteile abzielt. Diese Nachteile könnten durch eine Datenverarbeitung entstehen, die dem durch die EU-DSGVO etablierten Bild des Kräftegleichgewichts zwischen dem »Verantwortlichen« als dem Datenverarbeitenden (Art. 4 Nr. 7 EU-DSGVO) und dem von den Daten »Betroffenen« (s. Art. 4 Nr. 1 EU-DSGVO) widersprechen.[59] Es geht mithin um die Wahrung der »Fairness« bei der Datenverarbeitung, was

59 So ausdrücklich *Herbst* in: Kühling; Buchner, a. a. O. (Fußn. 34), Art. 5 DS-GVO Rn. 17; *Palsherm*, a. a. O. (Fußn. 24), S. 17.

beispielsweise in die Interessenabwägung beim Zulässigkeitstatbestand nach Art. 6 Abs. 1 lit. f) EU-DSGVO hineinspielt (s. dazu vertiefend S. 59).[60]

**Prinzip der Transparenz** (Art. 5 Abs. 1 lit. a) EU-DSGVO): Weil dem Einzelnen das Recht zugestanden wird, selbst über die Verwendung seiner Daten zu entscheiden, bedarf es der Klarheit und Transparenz im Umgang mit Daten.[61] Anderenfalls wäre das Selbstbestimmungsrecht inhaltlich entwertet: Man könnte nicht erkennen und nachvollziehen, wofür die mitgeteilten Daten verwendet werden. Daher muss derjenige, der diese Daten verarbeitet, den Betroffenen präzise, verständlich und leicht zugänglich darüber informieren, wer er ist, wofür er welche Daten braucht, auf welcher rechtlichen Grundlage er die Daten verarbeitet, wer die Daten sonst noch erhalten soll und ggf. wer die oder der zuständige Datenschutzbeauftragte ist (Art. 12–14 EU-DSGVO; s. dazu vertiefend S. 76). Außerdem muss ein Hinweis erfolgen, welche Betroffenenrechte nach der EU-DSGVO bestehen, wie z. B. das Auskunftsrecht, das Recht auf Berichtigung, das Recht auf Löschung, das Recht auf Einschränkung der Verarbeitung, das Widerspruchsrecht und das Recht auf Beschwerde (s. Art. 15–22 EU-DSGVO; s. dazu vertiefend S. 76 ff.).[62]

**Prinzip der Zweckbindung** (Art. 5 Abs. 1 lit. b) EU-DSGVO): Daten müssen für festgelegte, eindeutige und legitime Zwecke erhoben werden und dürfen nur dieser Zwecksetzung entsprechend weiterverarbeitet werden. Das bedeutet, es muss für alle Daten einen *definierten Zweck* geben und dieser Verarbeitungszweck darf prinzipiell nicht ohne Weiteres geändert werden.[63] Für die Alltagspraxis ist folgende Kontrollfrage hilfreich: Zu welchem konkreten Zweck verarbeite ich diese Daten? Wenn man diese Frage nicht schlüssig beantworten kann oder merkt, dass Daten für einen anderen als den ursprünglichen (Erhebungs-)Zweck weiterverarbeitet werden sollen, muss die »interne Warnampel« auf Rot schalten. Man muss dann hinterfragen, ob das eigene Tun noch datenschutzrechtlich zulässig ist.

Freilich kann eine *Zweckänderung* in Ausnahmefällen rechtmäßig sein. Eine solche Verarbeitung für einen anderen Zweck als den Erhebungszweck – einen sog. Sekundärzweck – ist zulässig, sofern entweder (1) eine Einwilligung der betroffenen Person (s. vertiefend zur Einwilligung S. 44 ff.),

60 *Kühling; Klar; Sackmann*, a. a. O. (Fußn. 10), Rn. 346.
61 *Kühling; Klar; Sackmann*, a. a. O. (Fußn. 10), Rn. 347.
62 *Palsherm*, a. a. O. (Fußn. 24), S. 17.
63 *Palsherm*, a. a. O. (Fußn. 24), S. 17.

(2) ein ausdrücklicher gesetzlicher Erlaubnistatbestand für die Zweckänderung oder (3) eine im Wege der Einzelfallprüfung als vereinbar anzusehende Zweckänderung (sog. Kompatibilitätsprüfung/-test) vorliegt.[64]

Eine ausdrückliche gesetzliche Erlaubnis zur Zweckänderung (2) kann insbesondere durch eine mitgliedstaatliche Rechtsvorschrift gewährt werden, die i. S. v. Art. 23 EU-DSGVO der Sicherstellung von (u. a.) der nationalen oder öffentlichen Sicherheit, ferner zur Verhütung, Ermittlung oder Verfolgung von *Straftaten* oder zur Durchsetzung *zivilrechtlicher Ansprüche* dient.[65] Für nicht öffentliche Stellen[66] konkretisiert § 24 BDSG diese europarechtliche Vorgabe dahingehend, dass eine Zweckänderung zulässig ist, sofern sie erstens zur Abwehr von Gefahren für die staatliche bzw. öffentliche Sicherheit, ferner zur Verfolgung von Straftaten oder zur Geltendmachung, Ausübung oder Verteidigung zivilrechtlicher Ansprüche erforderlich ist und zweitens das Interesse der betroffenen Person am Ausschluss der Verarbeitung nicht überwiegend ist. Mithin bedarf es bei der Zweckänderung also eines dieser genannten neuen Zwecke (Sicherheitsrecht, Strafverfolgung oder zivilrechtliche Anspruchsverfolgung) und zudem einer Interessenabwägung des Datenverarbeitenden zugunsten der Zweckänderung.[67] Liegt jedoch weder eine Einwilligung noch ein gesetzlicher Erlaubnistatbestand für eine (sog. inkompatible) Zweckänderung vor, so kann (nachrangig) eine Änderung noch unter den (nicht abschließend aufgezählten)[68] Erwägungsgründen des Art. 6 Abs. 4 EU-DSGVO zulässig sein, sofern diese weitere Verarbeitung mit dem Erhebungszweck vereinbar (= kompatibel) ist.[69] Ein Beispiel für eine kompatible

---

64 *Kühling; Klar; Sackmann,* a. a. O. (Fußn. 10), Rn. 432 f.

65 *Frenzel* in: Paal; Pauly (2021): DS-GVO BDSG, Art. 6 DS-GVO Rn. 46; *Kühling; Klar; Sackmann,* a. a. O. (Fußn. 10), Rn. 432 ff.; *Palsherm,* a. a. O. (Fußn. 24), S. 17.

66 Dies sind natürliche Personen (= Menschen) oder juristische Personen, Gesellschaften und andere Personenvereinigungen des Privatrechts (§ 2 Abs. 4 BDSG) – aber keine Behörden. Beispiele sind die häufig als gemeinnütziger Verein, GmbH oder Stiftung organisierten freien Träger der Wohlfahrtspflege, konkret z. B. die vom Roten Kreuz betriebenen Einrichtungen und Dienste der Eingliederungshilfe für junge Menschen mit Persönlichkeitsstörungen.

67 Sofern es um besondere Kategorien von Daten nach Art. 9 Abs. 1 EU-DSGVO wie Gesundheitsdaten geht, ist die Zweckänderung durch § 24 Abs. 2 BDSG sogar noch weitergehend eingeschränkt. Es bedarf dann zusätzlich entweder des Vorliegens eines Ausnahmetatbestands nach Art. 9 Abs. 2 EU-DSGVO oder nach § 22 BDSG (s. zu den Erlaubnistatbeständen für Datenverarbeitung vertiefend in Kap. 1.4.3).

68 Vgl. den Wortlaut der Regelung (»… unter anderem …«), *Frenzel* in: Paal; Pauly, a. a. O. (Fußn. 65), Art. 6 DS-GVO Rn. 48.

69 *Albers; Veit* in: Wolff; Brink, a. a. O. (Fußn. 57), Art. 6 DS-GVO Rn. 71; *Hundt,* a. a. O. (Fußn. 26), S. 31; *Frenzel* in: Paal; Pauly, a. a. O. (Fußn. 65), Art. 6 DS-GVO Rn. 46; *Palsherm,* a. a. O. (Fußn. 24), S. 17.

Zweckänderung könnte sein, dass ein Leistungserbringer die Daten seiner Bestandskunden nutzt, um auf ein neues Angebot »werbend« aufmerksam zu machen, beispielsweise wenn Klientinnen im höheren Lebensalter, die wegen ihrer chronischen psychischen Erkrankung ambulante Hilfen in ihrer Wohnung erhalten, darauf hingewiesen werden, dass der Träger auch altersgerechtes Wohnen in einem stationären Setting anbietet. Nach überwiegender Auffassung in der Rechtswissenschaft bedarf es neben diesem erfolgreichen Kompatibilitätstest aber zusätzlich auch einer rechtlichen Grundlage (beispielsweise aus Art. 6 Abs. 1 oder Art. 9 Abs. 2 EU-DSGVO), die die Datenverarbeitung nach der Zweckänderung rechtfertigt.[70]

**Prinzip der Datenminimierung**[71] (Art. 5 Abs. 1 lit. c) EU-DSGVO): Daten müssen ihrem Zweck angemessen und erheblich sowie auf das für die Zwecke der Verarbeitung notwendige Maß beschränkt sein (so auch Erwägungsgrund 39 Satz 7 der EU-DSGVO). Gerade die Notwendigkeit der Datenverarbeitung gilt es beständig zu hinterfragen. Dies kann mittels folgender Kontrollfrage geschehen: Brauche ich die Daten wirklich für meine Aufgabe und warum?[72] Dagegen ist eine »Datenverarbeitung auf Vorrat« – gleichsam nach dem Ansatz »Könnte man ja noch mal brauchen …« – unzulässig.[73] Durch diese Begrenzung der Datenverarbeitung auf die tatsächlich erforderlichen Daten wird das Prinzip der Zweckbindung gestärkt.[74]

**Prinzip der Richtigkeit der Daten** (Art. 5 Abs. 1 lit. d) EU-DSGVO): Die Daten müssen sachlich richtig und erforderlichenfalls auf den neuesten Stand gebracht sein. Zudem sind alle angemessenen Maßnahmen zu treffen, damit personenbezogene Daten, die im Hinblick auf die Zwecke ihrer Verarbeitung unrichtig sind, unverzüglich gelöscht oder berichtigt werden (so auch Erwägungsgrund 39 Satz 11 zur EU-DSGVO).[75]

70 *Albers; Veit,* a. a. O. (Fußn. 69), Art. 6 DS-GVO Rn. 95 ff.; *Buchner; Petri* in: Kühling; Buchner, a. a. O. (Fußn. 34), Art. 6 DS-GVO Rn. 181 ff.; *Palsherm,* a. a. O. (Fußn. 24), S. 17. A. A.: Kühling; *Klar; Sackmann,* a. a. O. (Fußn. 10), Rn. 438; *Schwartmann; Pieper* (2020) in: Schwartmann; Jaspers; Thüsing; Kugelmann: DS-GVO/BDSG, Art. 6 DS-GVO Rn. 185 f. m. w. N. unter Bezugnahme auf Erwägungsgrund 50 Satz 2 der EU-DSGVO.

71 Zuweilen auch Grundsatz der Datenvermeidung oder Grundsatz der Datensparsamkeit genannt (*Hundt,* a. a. O. (Fußn. 26), S. 31).

72 *Palsherm,* a. a. O. (Fußn. 24), S. 17.

73 Dementsprechend verlangt der Erwägungsgrund 39 Satz 6 EU-DSGVO, dass der Verarbeitungszweck bereits zum Zeitpunkt der Erhebung der personenbezogenen Daten feststeht.

74 *Hundt,* a. a. O. (Fußn. 26), S. 31; *Palsherm,* a. a. O. (Fußn. 24), S. 17.

75 *Hundt,* a. a. O. (Fußn. 26), S. 31; *Palsherm,* a. a. O. (Fußn. 24), S. 17 f.

**Prinzip der Speicherbegrenzung** (Art. 5 Abs. 1 lit. e) EU-DSGVO): Zunächst müssen Daten in einer Form gespeichert werden, die die Identifizierung der betroffenen Personen nur so lange ermöglicht, wie es für die Zwecke, für die sie verarbeitet werden, erforderlich ist. Bei der erstmaligen Verarbeitung sei für den datenschutzgerechten Verarbeiter einmal unterstellt, dass die Daten in einer Form gespeichert werden, die die Identifizierung – z. B. durch Computerabfrage – zu Recht ermöglicht. Damit stellt sich jedoch die Frage, wie lange diese einfache Möglichkeit der Identifizierung notwendig ist. Freilich kann hier keine Grenze im Sinne einer allgemeingültigen Zeitangabe gezogen werden. Das Prinzip der Speicherbegrenzung verlangt aber nach einer organisatorischen Lösung im Sinne einer regelmäßigen Routine der Überprüfung gespeicherter Daten. Dies erfordert natürlich, dass es eine technische Lösung oder zeitliche Ressourcen für Mitarbeitende gibt, um die gespeicherten Daten fortdauernd zu überprüfen und datenschutzgerecht zu halten. Der Arbeitgeber darf die Beschäftigten nicht mit dieser Problematik alleinlassen. Zur Begrenzung der Speicherung eignet sich folgende Kontrollfrage: Warum und für welchen Zweck brauche ich diese Daten noch? Auch hier gilt wiederum, dass eine reine »Vorratshaltung« für unklare Zwecke nicht zulässig ist. Nicht mehr für eine Aufgabe konkret benötigte Daten sind entweder zu löschen oder zu anonymisieren.[76] Wie ist also in der Praxis vorzugehen? Bei der Beratung von Klientinnen mit psychosozialen Problemlagen kann es zu längeren Phasen des Nichtkontakts kommen. Wenn die Klientin dann wieder erscheint, kann es für den Beratungsprozess merkwürdig erscheinen, wenn zunächst eine erneute vollständige Datenerhebung vorgenommen wird.

Gleichwohl ist das Einhalten des Datenschutzrechts zwingend. Für die konkrete Arbeitsstelle wäre daher wichtig zu überlegen – beispielsweise aufgrund eigener Erhebungen –, wie lange solche »Kontaktauszeiten« durchschnittlich dauern. Für diesen durchschnittlichen Zeitraum (ggf. zuzüglich eines moderaten Aufschlags) kann man vertreten, die Daten unverändert gespeichert zu lassen. Danach sollte man diese löschen oder wenigstens anonymisieren, beispielsweise wenn die weitere Datenhaltung für statistische oder Forschungszwecke notwendig erscheint. In Bezug auf solche statistischen bzw. Forschungszwecke ist der Arbeitgeber in der Verantwortung, klare entsprechende Weisungen zu erteilen. An-

76 *Herbst* in: Kühling; Buchner, a. a. O. (Fußn. 34), Art. 5 DS-GVO Rn. 66; *Palsherm*, a. a. O. (Fußn. 24), S. 18.

sonsten dürfen Mitarbeitende von der Löschungspflicht ausgehen. Falls die Klientin dann nach einer längeren Auszeit doch wieder erscheint, kann die Tatsache der zwischenzeitlichen Datenlöschung auch positiv dahingehend kommuniziert werden, dass die sensiblen psychosozialen Daten nicht anlasslos und für lange Zeiten (»auf ewig«) gespeichert worden sind. Wahrscheinlich wird die Klientin den bewussten Umgang mit ihren personenbezogenen Daten sehr zu schätzen wissen.

**Prinzip der Integrität und Vertraulichkeit** (Art. 5 Abs. 1 lit. f) EU-DSGVO): Daten müssen in einer Weise verarbeitet werden, die eine angemessene Sicherheit der personenbezogenen Daten gewährleistet, einschließlich dem Schutz vor unbefugter oder unrechtmäßiger Verarbeitung und vor unbeabsichtigtem Verlust, unbeabsichtigter Zerstörung oder unbeabsichtigter Schädigung durch geeignete technische und organisatorische Maßnahmen. Dazu gehört auch, dass datenschutzrechtlich Unbefugte (vgl. zu den Zulässigkeitstatbeständen der Datenverarbeitung S. 43.) keinen Zugang zu den Daten haben und weder die Daten noch die Geräte, mit denen diese verarbeitet werden, benutzen können (Erwägungsgrund 39 Satz 12 zur EU-DSGVO). Die Sicherheit der Daten ist gleichsam die Schwester des Schutzes der Daten. Es empfiehlt sich, die konkrete Datenverarbeitung im Hinblick auf den sicheren Umgang mit Daten zu überprüfen und ggf. konzeptionell zu überarbeiten. Das betrifft sowohl die Frage, wer kann wie an die Daten »herankommen«, als auch das Problem der Sicherung der Daten gegen Verlust (vgl. vertiefend den Exkurs zur Datensicherheit am Ende dieses Abschnitts).

**Rechenschaftspflicht** (Art. 5 Abs. 2 EU-DSGVO) Die Europäische Datenschutz-Grundverordnung benennt auch klare Verantwortlichkeiten. Der für den Datenschutz Verantwortliche (s. dazu noch vertiefend S. 40) hat für die Einhaltung der Prinzipien nach Art. 5 Abs. 1 EU-DSGVO zu sorgen und muss dies nachweisen können.[77] Dazu muss er ein Verzeichnis aller Datenverarbeitungstätigkeiten führen (Art. 30 EU-DSGVO und Erwägungsgrund 82; vertiefend zum Verarbeitungsverzeichnis und seiner Form S. 83 f.).[78]

77 *Palsherm*, a. a. O. (Fußn. 24), S. 18.
78 *Hundt*, a. a. O. (Fußn. 26), S. 32.

EXKURS

## Datensicherheit

Die Datensicherheit zielt darauf ab, dass die Datenverarbeitungssysteme und -dienste vertraulich, integer, verfügbar und gegen Belastungen resilient sind (s. Art. 32 Abs. 1 lit. b) und c) EU-DSGVO). Damit ist der Schutz der Daten gegen Unberechtigte (»Vertraulichkeit«), gegen Verfälschung (»Integrität«) und gegen unbeabsichtigten Verlust bzw. Nichtzugänglichkeit (»Verfügbarkeit«) gemeint. Mithin haben Datenschutz und Datensicherheit eine große gemeinsame Schnittmenge, sodass Letztere hier in einem kleinen Exkurs behandelt werden soll. Die Datensicherheit verpflichtet den Verantwortlichen (und eventuelle Auftragsverarbeitende), geeignete technische und organisatorische Maßnahmen zu treffen (Art. 32 Abs. 1 EU-DSGVO). Einige Rechtswissenschaftler sehen daher die Unternehmensleitung als verpflichtet an, ein funktionierendes Datenschutz-Management-System zu etablieren, das in einem kontinuierlichen Verfahren entsprechend des Plan-Do-Check-Act-Prozesses (»PDCA-Zyklus«) verbessert wird.[79] Jedenfalls empfiehlt es sich aber, dass die Unternehmensleitung folgende Maßnahmen umsetzt – hier in der Darstellung geordnet analog dem Vorgehen beim Bedienen eines Computers, also vom Betreten des Raumes (»Zutritt«) über das Einschalten des Computers (»Zugang«) und das Nutzen der Software (»Zugriff« und »Eingabe«) bis zur Weitergabe von Daten.[80]

**Zutrittskontrollen**: Unbefugte sollen Räume mit Datenverarbeitungsanlagen und Archiven möglichst nicht betreten können, um eine nicht berechtigte Kenntnisnahme oder Einwirkung von vornherein auszuschließen. Dazu können zunächst Maßnahmen des Gebäudemanagements dienen (wie Ausweiskontrollen beim Betreten von Gebäuden, Regeln für das Betreten von Technik- und Serverräumen sowie eine eindeutige Schlüsselverwaltung). Ferner sollten Räume mit Datenverarbeitungsanlagen – auch Personal Computern – nach dem Verlassen prinzipiell verschlossen sein und nur Befugte einen Zugangsschlüssel besitzen. Wer beispielsweise als Letzter ein Büro verlässt, in dem mehrere Sozialarbeiterinnen eines Einrichtungsträgers arbeiten, der ambulant Betreutes Wohnen anbietet, sperrt ab. Schließlich können die Möglichkeiten unbefugten Eindringens in die Räume mit Datenverarbeitungsanlagen

79 Vgl. z. B. *Wichtermann* (2016), ZD, S. 421 f.

80 Die Darstellung ist angelehnt an die Kommentierung zur vormaligen Rechtslage beim Sozialdatenschutz von *Palsherm* in: juris PK-SGB X, § 78a SGB X Rn. 18 m. w. N.

weitgehend erschwert werden (z. B. durch einbruchsverhindernde Sicherung von Fenstern und Türen sowie Gebäudeüberwachung).

**Zugangskontrollen:** Die konkrete Nutzung von Datenverarbeitungssystemen – also alles, was auf den Datenverarbeitungsprozess Einfluss nimmt – sollte Unbefugten unmöglich gemacht werden. Ein erster Schritt dazu ist, dass die Eingabe eines Passwortes notwendig ist, um einen Computer bedienen zu können. Mitarbeitende können hier dadurch unterstützt werden, dass sie Regeln für die sichere Passwortgestaltung vermittelt bekommen. Die Anzahl falscher Eingabeversuche eines Passworts kann überdies begrenzt werden, damit nicht durch Softwaremanipulationen oder Hacking unbegrenzt viele Möglichkeiten »durchgespielt« werden können. Durch eine solche Passwortsicherung werden auch diejenigen Personen vom Zugang ausgeschlossen, die zwar berechtigterweise Zutritt zum Raum haben – wie z. B. Reinigungspersonal oder Büroboten –, die aber nicht die Datenverarbeitungsanlage nutzen dürfen. Ferner sollte der laufende Betrieb eines Computers dadurch abgesichert werden, dass bei längerer Nichtnutzung der Bildschirm und das Nutzerinnenkonto gesperrt werden (sog. Bildschirmschoner). Denn die einmalige Eingabe des Passwortes beim Hochfahren des Computers wird einer dauerhaft effektiven Zugangskontrolle nicht gerecht. Zumindest überlegenswert erscheint zusätzlich eine technische oder organisatorische Lösung, welche in regelmäßigen Abständen zur Änderung des Passworts zwingt. Freilich ist unter Expertinnen umstritten, inwiefern regelmäßige Änderungen des Passworts tatsächlich notwendig sind oder ob es nicht vielmehr auf die Qualität des Passworts ankommt.[81] Schließlich sollte durch technische Lösungen eine unbefugte Nutzung des Systems von außen über den Netzzugang verhindert werden (»Firewall«).

**Zugriffskontrolle:** Dann muss auf einer noch konkreteren Anwendungsebene sichergestellt sein, dass eine Person nur auf solche Daten zugreifen kann, die ihrer Zugriffsberechtigung unterliegen (vgl. auch Art. 32 Abs. 4 EU-DSGVO). Somit lassen sich personenbezogene Daten nicht unbefugt lesen, kopieren, verändern oder entfernen. Dies kann vor allem durch ein rollengestütztes Berechtigungskonzept erreicht werden, welches den Zugriff auf Daten von dem Innehaben der entsprechenden Befugnis abhängig macht. Es ist also unzulässig, dass alle Beschäftigten an einem Rechner unter dem Account

81 Vgl. zur Passwortgestaltung auch die Hinweise des Bundesamtes für die Sicherheit in der Informationstechnik, erhältlich unter: https://www.bsi.bund.de/DE/Themen/Verbraucherinnen-und-Verbraucher/Informationen-und-Empfehlungen/Cyber-Sicherheitsempfehlungen/Accountschutz/Sichere-Passwoerter-erstellen/sichere-passwoerter-erstellen_node.html (03.07.2023).

derjenigen Person arbeiten, die morgens als Erste den Computer hochgefahren hat. Auch wenn es »Zeit kostet«, muss sich jede Person abmelden, wenn sie den Computer nicht mehr braucht, und die nächste muss sich anmelden.[82] Praktische Schwierigkeiten ergeben sich insofern aus dem Erfordernis der Vertretung in Krankheits- oder Urlaubsfällen. Eine Lösung kann darin liegen, dass die betreffende Software eine flexible Möglichkeit der Rollenänderung im Vertretungsfall vorsieht. Ein eher pragmatischer (u.E. noch vertretbarer) Ansatz setzt auf die Bildung kleiner Teams – beispielsweise aus der Bezugsperson für die Klientin und zwei Abwesenheits- und Krankheitsvertretungen – mit jeweils gleicher Zugriffsberechtigung, sodass die Gefahr eines unrechtmäßigen Zugriffs möglichst gering ist.

Darüber hinaus sollten Einrichtungsleitungen auch den »organisatorischen Rahmen« für eine wirksame Zugriffskontrolle im Blick haben. Beispielsweise sollte bei größeren Datenbeständen für Zwecke der Wartung und Systempflege ein »paralleles System« mit anonymisierten Daten – ein weiterer sog. Mandant – bereitgehalten werden, damit technische Arbeiten und Testungen am System nicht mit Echtdaten erfolgen müssen. Zu überlegen ist, ob eine dauerhafte Protokollierung aller Lesevorgänge einschließlich stichprobenartiger Kontrolle dieser Protokolle durchgeführt werden kann, wenngleich die dabei anfallende riesige Datenmenge für praktische Hindernisse sorgen mag. Solche Stichprobenkontrollen obliegen als Führungsthematik der Einrichtungsleitung, können bei sehr großen Einrichtungen aber auch delegiert werden, z. B. an einen Datenschutz- oder QM-Beauftragten des Einrichtungsträgers. Schließlich ist die datenschutzgerechte Entsorgung von Fehlausdrucken zu organisieren, beispielsweise durch Zurverfügungstellung eines hochqualitativen Reißwolfs mit Sicherheitsstufe P3 bis P5 (entsprechend Schutzklasse 2) oder die Inanspruchnahme professioneller Dienstleister.

**Eingabekontrolle:** Es muss feststellbar sein, ob und von wem Daten eingegeben, verändert oder entfernt worden sind. Dies kann durch eine softwareseitige Protokollierung von Schreibvorgängen erfolgen. Da die Datenmenge bei einer Vollprotokollierung aber die Grenze der Beherrschbarkeit und Übersichtlichkeit sprengen kann, wird sich dies regelmäßig nicht auf die konkret eingegebenen oder gelöschten Daten an sich (»welche«) erstrecken, sondern lediglich auf die Zeit und die handelnde Person (»ob« eingegeben wurde).

82 »Anmelden« meint nicht, dass der Computer zeitaufwendig herunter- und später wieder hochgefahren werden muss, sondern nur die Abmeldung einer Person – in Windows 10 und 11 bezeichnet als »Benutzer wechseln«.

**Weitergabekontrolle:** Während Übermittlungsprozessen, sei es eine elektronische Übertragung per E-Mail, sonstiger Transport auf portablen Datenträgern oder Speicherung auf Festplatten, dürfen Daten nicht unbefugt gelesen, kopiert, verändert oder entfernt werden können. Zudem muss nachprüfbar feststehen, ob und wann eine Übermittlung von Daten überhaupt vorgesehen ist. Eine Lösungsmöglichkeit kann in der Verschlüsselung der Daten auf dem Transportweg[83] und dem Abschirmen von Kabeln zur Erhöhung der Abhörsicherheit gesehen werden. Hier wird die Unternehmens-IT sicherlich ein hilfreicher Ansprechpartner sein. Auch die strenge Reglementierung der zum Datentransport berechtigten Personen und die Protokollierung aller Datenübertragungen einschließlich stichprobenartiger Auswertung der Protokolle dürften probate Maßnahmen sein. Praktische Herausforderungen resultieren hierbei aus der Anbindung vieler Computer an Netzwerke und das Internet. Auch die Möglichkeit, immer leistungsfähigere Speichermedien via USB-Schnittstelle anzuschließen, ist problematisch. Der Gefahr eines Virenangriffs anlässlich der Weitergabe von Daten ist durch geeignete Antivirenprogramme zu begegnen.

**Verfügbarkeitskontrolle:** Ein Schutz der Daten gegen zufällige Zerstörung oder Verlust ist sicherzustellen. Darunter fallen Phänomene höherer Gewalt wie Blitzschlag oder Wasserschaden, aber auch simple Stromausfälle. Der Datenverlust lässt sich durch regelmäßige Backups und Aufbewahrung der Sicherung an einem anderen Ort verhindern. Darüber hinaus kann die Verfügbarkeit von Daten durch die bauliche Gestaltung unterstützt werden, z. B. durch die Klimatisierung von Technikräumen und -schränken, ferner durch den Schutz gegen höhere Gewalt wie Wasser-, Brand-, Blitz- und Überspannungsschutz sowie (unter Umständen) durch einen Schutz gegen Stromausfall mittels Notstromversorgung.

**Auftragskontrolle:** Bei der Verarbeitung von Daten im Auftrag (s. Art. 28 EU-DSGVO) muss gewährleistet sein, dass die diesbezüglichen Weisungen des Auftraggebers eingehalten werden. Dazu bedarf es neben klaren vertraglichen Vereinbarungen auch zumindest der stichprobenartigen Kontrolle der Einhaltung der Regeln (s. zur Auftragsverarbeitung vertiefend S. 70 ff.).

83 Eine gute Übersicht zum Schutz personenbezogener Daten bei der Übermittlung via E-Mail bietet eine Veröffentlichung der Konferenz der unabhängigen Datenschutzaufsichtsbehörden (Datenschutzkonferenz): Maßnahmen zum Schutz personenbezogener Daten per E-Mail (Stand: 16. Juni 2021), erhältlich unter: https://www.datenschutzkonferenz-online.de/media/oh/20210616_orientierungshilfe_e_mail_verschluesselung.pdf (03.07.2023).

Die Datenschutz-Grundverordnung stellt (leitende) Grundsätze für die Verarbeitung personenbezogener Daten auf (Art. 5 EU-DSGVO), die als Richtschnur für jeglichen Umgang mit Daten heranzuziehen sind. Zunächst wird durch das Prinzip der Rechtmäßigkeit ein Verbot mit Erlaubnisvorbehalt begründet, sodass eine Datenverarbeitung ohne einen ausnahmsweisen Erlaubnistatbestand unzulässig ist. Ferner verlangt das Prinzip der Transparenz, dass Datenverarbeitende (u. a.) über sich, die verarbeiteten Daten sowie die Rechtsgrundlage und den Zweck der Verwendung präzise, verständlich und leicht zugänglich informieren. Nach dem Prinzip der Zweckbindung muss es für alle verarbeiteten Daten einen vorher definierten Zweck geben und eine Zweckänderung bei der Weiterverarbeitung ist nur unter eingeschränkten Voraussetzungen zulässig.

Zudem verlangt das Prinzip der Datenminimierung, dass Daten diesem definierten Zweck entsprechend angemessen und erheblich sind sowie eine zu dem Zweck passende Beschränkung auf das notwendige Maß von Datenverarbeitung. Nach dem Prinzip der Richtigkeit müssen verarbeitete Daten zutreffend sein oder korrigiert bzw. gelöscht werden. Das Prinzip der Speicherbegrenzung verlangt, dass Daten nur so lange mit der Möglichkeit zur Identifizierung der betroffenen Person gespeichert werden, wie dies für ihren Verarbeitungszweck erforderlich ist. Danach müssen sie gelöscht werden. Schließlich verlangt das Prinzip der Integrität und Vertraulichkeit eine angemessen sichere Datenverarbeitung. Die demnach notwendigen technisch-organisatorischen Maßnahmen der Datensicherheit beruhen auf den Kontrollen des Zutritts zu den Räumen mit Datenverarbeitung, des Zugangs zu Datenverarbeitungssystemen, der Zugriffe auf konkrete Daten, der Eingaben und Änderungen von Daten und der Weitergaben von Daten sowie ferner der Kontrolle der Verfügbarkeit von Daten und der Kontrolle der Auftragsverarbeitenden. Die Verantwortlichen für den Datenschutz trifft im Hinblick auf die Einhaltung der genannten Prinzipien eine Rechenschaftspflicht, d. h., sie müssen deren Einhaltung nachweisen können.

# 1.4 Wie und wann darf ich konkret Daten verarbeiten? Einführung in die datenschutzgerechte Verarbeitung von Daten

Im Folgenden wird die Frage behandelt, wann und wie man konkret Daten verarbeiten darf. Dazu werden zunächst die wichtigsten Begrifflichkeiten der Datenschutz-Grundverordnung vorgestellt, welche man kennen muss, um die Verordnungsvorschriften auch anwenden zu können (dazu unter Kap. 1.4.1). Dann werden die für die Soziale Arbeit im sozialpsychiatrischen Kontext im Regelfall relevanten Zulässigkeitstatbestände detailliert erläutert, angefangen bei der Einwilligung des Betroffenen (dazu unter Kap. 1.4.2) bis zu den weiteren in Art. 6 Abs. 1 EU-DSGVO für »einfache« Daten und in Art. 9 Abs. 2 EU-DSGVO für besonders sensible Daten normierten Tatbeständen (dazu unter Kap. 1.4.3). Aufgrund seiner hohen praktischen Bedeutung für den häufig arbeitsteilig organisierten Umgang mit Daten werden des Weiteren die Anforderungen für Auftragsverarbeiter – eine regelmäßig technisch unterstützende Hilfsperson für den datenschutzrechtlich Verantwortlichen – umrissen (dazu unter Kap. 1.4.4). Danach werden die in der Datenschutz-Grundverordnung vorgesehenen Rechte der betroffenen Person vorgestellt, welche deren allgemeines Recht auf Wahrung des Schutzes ihrer Daten entscheidend stärken (dazu unter Kap. 1.4.5). Zum Abschluss des Kapitels werden schließlich die Rechenschafts- sowie Melde- und Benachrichtigungspflichten des datenschutzrechtlich Verantwortlichen beleuchtet (dazu unter Kap. 1.4.6), mit denen dieser zur verstärkten Beachtung des Datenschutzes in der Praxis angehalten werden soll.

## 1.4.1 Festgelegte Begriffe

**Art. 4 EU-DSGVO**

Die Datenschutz-Grundverordnung legt zunächst, wie es viele moderne »Gesetze« machen, grundlegende Begriffe in einer Art Definitionsartikel am Anfang des Regelwerks fest. Für die Rechtsanwendung ist es notwendig, mit diesen Begrifflichkeiten vertraut zu sein. Zu unterscheiden sind demnach

- personenbezogene Daten, auch als pseudonymisierte Daten denkbar, teilweise in besonders geschützten Kategorien, und anonymisierte Daten,
- zahlreiche Akteure im Datenschutz, nämlich die betroffene Person, der datenschutzrechtlich Verantwortliche, ggf. sein Auftragsverarbeiter, außenstehende Dritte und – losgelöst von dieser Zuordnung – der Empfänger von Daten, und schließlich
- alle Vorgänge mit Daten, erfasst unter dem Oberbegriff der Verarbeitung.

Abbildung 4 fasst die im Nachfolgenden behandelten Begrifflichkeiten überblicksartig zusammen.

**Personenbezogene Daten:** Unter *»personenbezogenen Daten«* sind alle Informationen über eine identifizierte oder identifizierbare natürliche Person (= Mensch)[84] zu verstehen (s. Art. 4 Nr. 1 EU-DSGVO; vgl. auch bereits oben ausführlich im Zusammenhang der Bestimmung des sachlichen Anwendungsbereichs der EU-DSGVO auf S. 18). *Anonymisiert* sind solche Daten, bei denen der Personenbezug nicht besteht oder derart aufgehoben ist, dass die betroffene Person nicht mehr identifiziert werden kann (Erwägungsgrund 26 Satz 5 und 6 der EU-DSGVO).[85] Dagegen sind lediglich *pseudonymisierte Daten*[86], die durch Heranziehung weiterer Informationen einer identifizierbaren natürlichen Person zugeordnet werden können, wie Informationen über eine identifizierbare Person zu behandeln (Erwägungsgrund 26 Satz 2 der EU-DSGVO). Schließlich kennt die Datenschutz-Grundverordnung auch *»besondere Kategorien personenbezogener Daten«* (s. Art. 9 EU-DSGVO). Diese Daten werden auch als »sensible Daten« bezeichnet und besonders stark geschützt, weil sie sich auf Merkmale beziehen, die historisch immer wieder zum Anknüpfungspunkt für Diskriminierung und Verfolgung wurden.[87] Die EU-DSGVO zählt als demnach besonders geschützte Daten solche auf, »aus denen die rassische und ethnische Herkunft, politische Meinungen, religiöse oder weltanschauliche Überzeugungen oder die Gewerkschaftszugehörigkeit hervorgehen, sowie [zudem] die Verarbeitung von genetischen Daten, biometrischen

84 Nicht von der EU-DSGVO geschützt werden mithin juristische Personen, also Zusammenschlüsse von Personen oder Sachen zu einer rechtsfähigen Einheit wie z. B. eine gemeinnützige GmbH (s. § 13 Abs. 1 GmbhG), bei der Verarbeitung ihrer Daten (s. Erwägungsgrund 14 Satz 2 der EU-DSGVO). Andererseits sind juristische Personen zum Datenschutz verpflichtet und müssen selbstverständlich die Vorgaben der EU-DSGVO einhalten.

85 *Hundt,* a. a. O. (Fußn. 26), S. 40.

86 Vgl. zur Pseudonymisierung auch die Definition in Art. 4 Nr. 5 EU-DSGVO.

87 *Kühling; Klar; Sackmann,* a. a. O. (Fußn. 10), Rn. 450.

**Abbildung 4 Wichtige Begrifflichkeiten im Datenschutzrecht**

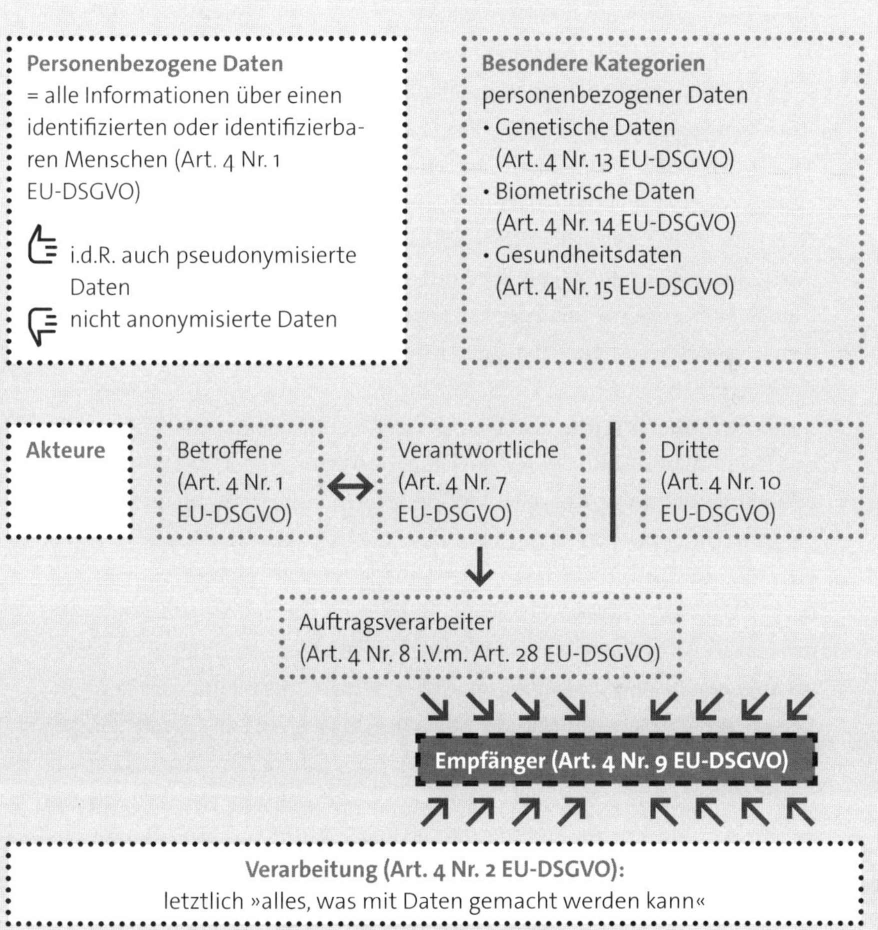


Daten zur eindeutigen Identifizierung einer natürlichen Person, Gesundheitsdaten oder Daten zum Sexualleben oder der sexuellen Orientierung einer natürlichen Person«.

Einige dieser Daten werden von der EU-DSGVO noch besonders spezifiziert: Dazu zählen zunächst *»genetische Daten«* (Art. 4 Nr. 13 EU-DSGVO), das sind »personenbezogene Daten zu den ererbten oder erworbenen genetischen Eigenschaften einer natürlichen Person, die eindeutige Informationen über die Physiologie oder die Gesundheit dieser natürlichen

Person liefern und insbesondere aus der Analyse einer biologischen Probe der betreffenden natürlichen Person gewonnen wurden«, ferner *»biometrische Daten«* (Art. 4 Nr. 14 EU-DSGVO), also »mit speziellen technischen Verfahren gewonnene personenbezogene Daten zu den physischen, physiologischen oder verhaltenstypischen Merkmalen einer natürlichen Person, die die eindeutige Identifizierung dieser natürlichen Person ermöglichen oder bestätigen, wie Gesichtsbilder oder daktyloskopische Daten [zum Beispiel Fingerabdrücke]« sowie auch *»Gesundheitsdaten«* (Art. 4 Nr. 15 EU-DSGVO), worunter »personenbezogene Daten [zu verstehen sind], die sich auf die körperliche oder geistige Gesundheit einer natürlichen Person, einschließlich der Erbringung von Gesundheitsdienstleistungen, beziehen und aus denen Informationen über deren Gesundheitszustand hervorgehen«.

**Relevante Akteure:** Die Datenschutz-Grundverordnung spricht von diversen *datenschutzrechtlich relevanten »Akteuren«* an: Die *»betroffene Person«* ist derjenige Mensch, den die Informationen identifizieren oder identifizierbar machen (Art. 4 Nr. 1 EU-DSGVO). Sein gleichsam »Gegenüber« ist der *Verantwortliche* (s. auch die gesetzliche Definition in Art. 4 Nr. 7 EU-DSGVO), also derjenige, der Daten für sich verarbeitet[88], wie beispielsweise ein Träger eines Wohnheims für Menschen mit einer chronischen psychischen Erkrankung. Dabei ist das Unternehmen, in dem die Verarbeitung geschieht, also der sozialpsychiatrische Leistungserbringer, an sich als Verantwortlicher zu betrachten und nicht eine bestimmte Person innerhalb des Unternehmens. Denn das Unternehmen hat letztlich die Verantwortung für die Einhaltung der Regeln zur Datenverarbeitung in seinem Verantwortungs- und Haftungsbereich, und nur so kann dem Betroffenen eine längerfristige, von Personalwechseln unabhängige und zuverlässige Anlaufstelle für die Ausübung seiner Rechte zugewiesen werden.[89] Ein *»Auftragsverarbeiter«* ist eine natürliche oder juristische Person, Behörde, Einrichtung oder andere Stelle, die personenbezogene Daten im Auftrag des Verantwortlichen verarbeitet (Art. 4 Nr. 8 EU-DSGVO).[90] Kennzeich-

88 *Ernst* in: Paal; Pauly, a. a. O. (Fußn. 65), Art. 4 DS-GVO Rn. 55.

89 Artikel-29-Datenschutzgruppe, Stellungnahme 1/2010 zu den Begriffen »für die Verarbeitung Verantwortlicher« und »Auftragsverarbeiter« (WP 169 – 00264/10/DE), S. 19, erhältlich unter: https://ec.europa.eu/justice/article-29/documentation/opinion-recommendation/files/2010/wp169_de.pdf (03.07.2023).

90 Zu den Anforderungen an die Auftragsverarbeitung vgl. vertiefend Art. 28 EU-DSGVO und in Kap. 1.4.4.

nend für Auftragsverarbeitung ist, dass die damit beauftragte Stelle nur eine Hilfs- und Unterstützungsfunktion im Rahmen arbeitsteilig organisierter Datenverarbeitung wahrnimmt, gleichsam als »verlängerter Arm« des datenschutzrechtlich Verantwortlichen handelt (s. dazu auch vertiefend S. 70).[91] Typische Beispiele dafür sind die auf Aktenvernichtung spezialisierte Firma oder beauftragte Rechenzentren[92], beispielsweise wenn ein mittelgroßer Wohlfahrtsträger für die zu speichernden Daten die Dienstleistung eines Dritten eingekauft hat, weil er selbst die notwendige Infrastruktur nicht vorhalten kann. Andererseits ist die Arbeit eines beauftragten Anwalts oder einer Steuerberaterin, etwa wenn ein kleiner Träger einer sozialpsychiatrischen Einrichtung seine Lohnabrechnung durch eine Steuerberaterin machen lässt, keine Auftragsdatenverarbeitung, weil diese über eine (vorwiegend technische) unselbstständige Hilfstätigkeit deutlich hinausreicht.[93] Diese sind damit »*Dritte*« i. S. v. Art. 4 Nr. 10 EU-DSGVO.[94] Das ist nach der gesetzlichen Definition »eine natürliche Person[95] oder juristische Person, Behörde, Einrichtung oder andere Stelle, außer der betroffenen Person, dem Verantwortlichen, dem Auftragsverarbeiter und den Personen, die unter der unmittelbaren Verantwortung des Verantwortlichen oder des Auftragsverarbeiters [– wie z. B. Arbeitnehmer des datenschutzrechtlich Verantwortlichen[96] –] befugt sind, die personenbezogenen Daten zu verarbeiten«. Im Ergebnis sind »Dritte« damit *völlig Außenstehende* in Relation zu dem Betroffenen, dem datenschutzrechtlich Verantwortlichen oder seinen Auftragsverarbeitern.[97] Nicht zu verwechseln mit dem »Dritten« ist der »*Empfänger*« von Daten. Denn darunter fällt jede »natürliche oder juristische Person, Behörde, Einrichtung oder andere Stelle, der personenbezogene Daten offengelegt werden, unabhängig davon, ob es sich bei ihr um einen Dritten handelt oder nicht« (Art. 4 Nr. 9 EU-DSGVO). Der Begriff des Empfängers ist mithin nicht von der Zuordnung zu einem datenschutz-

---

91 *Palsherm* in: juris PK-SGB X, Stand: 01.10.2020, § 80 SGB X Rn. 14 m. w. N. *Ernst* in: Paal; Pauly, a. a. O. (Fußn. 65), Art. 4 DS-GVO Rn. 56, gebraucht das Bild einer »Marionette« des Verantwortlichen.

92 *Kühling; Klar; Sackmann,* a. a. O. (Fußn. 10), Rn. 318; *Palsherm* in: juris PK-SGB X, Stand: 01.10.2020, § 80 SGB X Rn. 16.

93 *Palsherm* in: juris PK-SGB X, Stand: 01.10.2020, § 80 SGB X Rn. 16.

94 *Palsherm* in: juris PK-SGB X, Stand: 01.10.2020, § 80 SGB X Rn. 16.

95 Mit dem Rechtsbegriff einer »natürlichen Person« ist ein Mensch gemeint im Unterschied zur »juristischen Person«, die ihre Rechtsfähigkeit erst durch einen staatlichen Akt erhält, wie beispielsweise die gemeinnützige GmbH durch § 13 Abs. 1 GmbHG.

96 *Kühling; Klar; Sackmann,* a. a. O. (Fußn. 10), Rn. 320.

97 *Kühling; Klar; Sackmann,* a. a. O. (Fußn. 10), Rn. 320.

rechtlichen Akteur – sei er eine Stelle innerhalb des datenschutzrechtlich Verantwortlichen bzw. seines Auftragsverarbeiters oder sei er Dritter –, sondern von der Tatsache des Empfangens von Daten her gedacht.[98] »Empfänger« könnte also z. B. der Kostenträger der Eingliederungshilfe sein, wenn er einen Kostenübernahmeantrag erhält oder die Kolleginnen vom Betreuten Wohnen, wenn ein Mitarbeiter aus der Werkstatt für Menschen mit Behinderung zusätzlich Assistenz beim Wohnen erhalten soll.

**Verarbeitung:** Mit der Datenschutz-Grundverordnung wurde die »*Verarbeitung*« als neuer Oberbegriff für alle Vorgänge eingeführt, bei denen Daten bearbeitet werden. Wörtlich erfasst der Begriff »jeden mit oder ohne Hilfe automatisierter Verfahren ausgeführten Vorgang oder jede solche Vorgangsreihe im Zusammenhang mit personenbezogenen Daten wie das Erheben, das Erfassen, die Organisation, das Ordnen, die Speicherung, die Anpassung oder Veränderung, das Auslesen, das Abfragen, die Verwendung, die Offenlegung durch Übermittlung, Verbreitung oder eine andere Form der Bereitstellung, den Abgleich oder die Verknüpfung, die Einschränkung, das Löschen oder die Vernichtung« (Art. 4 Nr. 2 EU-DSGVO).

**Die EU-DSGVO schützt personenbezogene Daten, auch pseudonymisierte, aber nicht anonymisierte. Besondere Kategorien personenbezogener Daten wie genetische und biometrische Daten sowie Gesundheitsdaten unterliegen dabei einem besonders strengen Schutz. Die wichtigsten Akteure im Datenschutz sind der »Betroffene« und der »Verantwortliche« für die Datenverarbeitung, welcher die Daten »für sich« verarbeitet. Der Verantwortliche schaltet zuweilen in der Art eines unselbstständigen (i. d. R. technischen) Hilfsarbeiters einen »Auftragsverarbeiter« ein. Zu unterscheiden von den bereits genannten ist der »Dritte«, ein völlig Außenstehender. Alle Genannten – natürlich außer dem Betroffenen – können zu »Empfängern« von Daten des Betroffenen werden. Schließlich unterfallen alle denkbaren Verhaltensweisen in Bezug auf personenbezogene Daten dem (Ober-)Begriff der Verarbeitung von Daten.**

98 Ähnlich *Kühling; Klar; Sackmann*, a. a. O. (Fußn. 10), Rn. 319.

## 1.4.2 Selbstbestimmte Einwilligung

**Art. 6 Abs. 1 lit. a), 9 Abs. 2 lit. a) i. V. m. Art. 4 Nr. 11 sowie Art. 7 und 8 EU-DSGVO**

Ein wesentliches Prinzip der Datenschutz-Grundverordnung ist das Gebot der *Rechtmäßigkeit der Verarbeitung von Daten* (Art. 5 Abs. 1 lit. a) EU-DSGVO; s. dazu bereits vertiefend oben, S. 25). Das umfasst – wie sich aus Art. 6 Abs. 1 EU-DSGVO und Art. 9 Abs. 2 EU-DSGVO entnehmen lässt – insbesondere, dass man für jede (!) Datenverarbeitung immer einen Erlaubnistatbestand braucht; anderenfalls ist diese unzulässig (sog. *Verbot mit Erlaubnisvorbehalt*, dazu bereits vertiefend oben, S. 25). Ein Erlaubnistatbestand i.d.S. ist ein Artikel aus der EU-DSGVO, der die Datenverarbeitung zulässig macht (s. Art. 6 Abs. 1 und 9 Abs. 2 EU-DSGVO). Eine solche Erlaubnis zur Datenverarbeitung kann sich entweder aus einer Einwilligung des Betroffenen ergeben (s. Art. 6 Abs. 1 lit. a) EU-DSGVO bzw. Art. 9 Abs. 2 lit. a) EU-DSGVO) oder aus den anderen gesetzlichen Zulässigkeitstatbeständen in Art. 6 Abs. 1 bzw. 9 Abs. 2 EU-DSGVO. Alle genannten »Wege zur Zulässigkeit der Datenverarbeitung« sind generell gleichrangig.[99] Die überwiegende Meinung in der juristischen Fachwelt geht daher auch davon aus, dass ein bestimmter Datenverarbeitungsvorgang durch verschiedene Zulässigkeitstatbestände (kumulativ) gerechtfertigt werden könnte.[100] Gleichwohl sollte man in der sozialpsychiatrischen Arbeit immer reflektieren, ob man eine Einwilligung als Erlaubnistatbestand für die Datenverarbeitung wirklich braucht. Denn es dürfte in der Beziehungsgestaltung zum Klienten nicht darstellbar sein, wenn er eine gegebene Einwilligung – was er jederzeit machen kann – widerruft (s. dazu S. 55) und man dann mit der Datenverarbeitung einfach fortfährt – nun gestützt auf einen anderen gesetzlichen Erlaubnistatbestand aus Art. 6 Abs. 1 oder 9 Abs. 2 EU-DSGVO als die Einwilligung. Gewissermaßen eine Ausnahme von der Gleichrangigkeit der Zulässigkeitstatbestände ergibt sich aus der Vorrangigkeit von Art. 9 EU-DSGVO: Falls bestimmte Daten zu den »besonderen Kategorien von Daten« zählen (dazu bereits S. 38), kann sich die Rechtfertigung der Datenverarbeitung nur noch aus Art. 9 Abs. 2 EU-DSGVO und nicht mehr aus Art. 6 Abs. 1 EU-DSGVO ergeben.

99 Vgl. auch VG Mainz v. 20.02.2020 – 1 K 467/19.MZ – juris Rn. 28 (rechtskräftig).

100 *Frenzel* in: Paal; Pauly, a. a. O. (Fußn. 65), Art. 6 DS-GVO Rn. 8. Vertiefend zur rechtswissenschaftlichen Diskussion dazu *Krusche* (2020), ZD, S. 232 ff.

Denn ersterer Tatbestand stellt für die Verarbeitung der besonders schutzwürdigen Daten strengere Voraussetzungen auf und ist somit ein vorrangiges, da spezielleres Gesetz *(lex specialis)* zu Letzterem.[101] Damit ist beispielsweise die Verarbeitung von gesundheitsbezogenen Daten aufgrund einer (nur für einfache Daten zulässigen) Interessenabwägung nach Art. 6 Abs. 1 lit. f) EU-DSGVO nicht möglich. Abbildung 5, Seite 46 f., fasst die im Nachfolgenden behandelten Erlaubnistatbestände – mit einem Schwerpunkt auf freien Trägern der Wohlfahrtspflege – überblicksartig zusammen[102].

Aufgrund ihrer herausgehobenen praktischen Bedeutung[103] soll hier zunächst die *Einwilligung* als Erlaubnistatbestand behandelt werden.[104]

Die *Zulässigkeit* der Datenverarbeitung durch Einwilligung setzt als Erstes voraus, dass eine solche überhaupt ein rechtlich zulässiger Erlaubnistatbestand sein kann. Das ist bei der Verarbeitung von Daten durch *öffentliche Stellen* wie beispielsweise Behörden[105] problematisch. Durch den rechtsstaatlichen Grundsatz der Verhältnismäßigkeit des Verwaltungshandelns und für die Kostenträger im Anwendungsbereich des Sozialgesetzbuches zudem durch den Direkterhebungsgrundsatz nach § 67a Abs. 2 S. 1 SGB X[106] werden Grenzen für die rechtliche Zulässigkeit einer Einwilligung gezogen. Beispielsweise dürfen öffentliche Stellen für die Datenerhebung bei (außenstehenden) Dritten eine Einwilligung der betroffenen Person nur verlangen, wenn die betroffene Person die notwendigen Informationen nicht selbst geben oder einholen kann.[107] Anderenfalls wäre das

101 *Kühling; Klar; Sackmann*, a. a. O. (Fußn. 10), Rn. 455.

102 Vgl. *Palsherm*, a. a. O. (Fußn. 24), S. 19.

103 Ob diese hohe praktische Bedeutung zu Recht besteht und nicht nur der Unsicherheit bei der Prüfung der gesetzlichen Erlaubnistatbestände entspringt, kann hier nur als Denkanstoß angerissen, aber nicht vertieft werden. Immerhin wird man nach dem Widerruf der Einwilligung die Datenverarbeitung nicht beenden können, sondern auf andere Erlaubnisvorschriften als die Einwilligung stützen.

104 Vertiefend sei verwiesen auf die »Orientierungshilfe« des Bayerischen Landesbeauftragten für den Datenschutz über »Die Einwilligung nach der Datenschutz-Grundverordnung«, erhältlich unter: https://www.datenschutz-bayern.de/datenschutzreform2018/einwilligung.pdf (03.07.2023).

105 Unter »öffentlichen Stellen« sollen hier – entsprechend der gesetzlichen Definition in § 2 Abs. 1 und 2 BDSG – verstanden werden »Behörden, die Organe der Rechtspflege und andere öffentlich-rechtlich organisierte Einrichtungen des Bundes, der bundesunmittelbaren Körperschaften, der Anstalten und Stiftungen des öffentlichen Rechts sowie deren Vereinigungen ungeachtet ihrer Rechtsform« sowie »Behörden, die Organe der Rechtspflege und andere öffentlich-rechtlich organisierte Einrichtungen eines Landes, einer Gemeinde, eines Gemeindeverbandes oder sonstiger der Aufsicht des Landes unterstehender juristischer Personen des öffentlichen Rechts sowie deren Vereinigungen ungeachtet ihrer Rechtsform«.

106 Dem entspricht im Anwendungsbereich der Kinder- und Jugendhilfe § 62 Abs. 2 S. 1 SGB VIII. Vgl. aber auch die ggf. erforderliche Ausnahme vom Direkterhebungsgrundsatz im Kontext der Überprüfung einer Kindeswohlgefährdung (§ 62 Abs. 3 Nr. 2 lit. d) SGB VIII, sog. Dritterhebung).

107 *Krahmer; Palsherm*, a. a. O. (Fußn. 5), S. 605 m. w. N.

Verlangen einer Einwilligung nicht erforderlich und damit unverhältnismäßig. Ein weiteres Beispiel einer unzulässigen Einwilligung ist es, wenn eine öffentliche Stelle die Einwilligung der betroffenen Person zur Verarbeitung solcher Daten einholt, die nicht für ihre Aufgabe erforderlich sind. Denn dies würde der im Rechtsstaat garantierten Bindung der öffentlichen Stelle an ihre gesetzlich zugewiesene Aufgabe widersprechen.[108]

Was ist nun grundsätzlich unter einer Einwilligung zu verstehen? Eine solche Einwilligung wird in *Art. 4 Nr. 11 EU-DSGVO* definiert als »jede [a] freiwillig [b] für den bestimmten Fall, in informierter Weise und [c] unmissverständlich abgegebene Willensbekundung in Form einer Erklärung oder einer sonstigen eindeutigen bestätigenden Handlung, mit der [d] die betroffene Person zu verstehen gibt, dass sie mit der Verarbeitung der sie betreffenden personenbezogenen Daten einverstanden ist«. Ergänzt wird diese gesetzliche Festlegung mit weiteren Bedingungen in Art. 7 EU-DSGVO und für die Einwilligung eines Kindes in Bezug auf sog. »Dienste der Informationsgesellschaft« [109] in Art. 8 EU-DSGVO. Im Folgenden sollen diese durch die oben genannte Definition und die beiden Artikel aufgestellten Voraussetzungen für eine wirksame Einwilligung in eine Verarbeitung von Daten erläutert und durch Beispiele veranschaulicht werden.

**Freiwillig:** Zunächst muss die Einwilligung »*freiwillig*« geschehen. Freiwilligkeit in diesem Sinne ist gegeben, wenn die einwilligende Person »eine echte oder freie Wahl hat und somit in der Lage ist, die Einwilligung zu verweigern oder zurückzuziehen, ohne Nachteile zu erleiden« (Erwägungsgrund 42 Satz 5 der EU-DSGVO; s. zur Prüfung der Freiwilligkeit ferner Art. 7 Abs. 4 EU-DSGVO). Damit steht Freiwilligkeit allerdings in Zweifel, wenn ein erhebliches Ungleichgewicht zwischen den Beteiligten besteht – beispielsweise aufgrund wirtschaftlicher oder sozialer Unterlegenheit des »Einwilligenden« –, sodass die Einwilligung »praktisch nicht verhandelbar« ist, und/oder eine extrem weitreichende Einwilligung verlangt wird.[110]

108 *Kühling; Klar; Sackmann,* a. a. O. (Fußn. 10), Rn. 506; *Krahmer; Palsherm,* a. a. O. (Fußn. 5), S. 605. Diese Fragen dagegen tendenziell offenlassend *Bieresborn* (2017b), S. 926 u. 930.

109 Das sind direkt Kinder und Jugendliche adressierende Angebote. Ein Beispiel dafür wäre ein an Kinder und Jugendliche adressiertes Gesundheitsmonitoring mit Gesundheits-Apps und Smartwatches, beispielsweise im Hinblick auf die Ziele einer gesteigerten Bewegung und gesünderen Ernährung.

110 *Buchner; Kühling* in: Kühling; Buchner, a. a. O. (Fußn. 34), Art. 7 DS-GVO Rn. 43 unter Bezugnahme auf BVerfG v. 23.10.2006 – 1 BvR 2027/02.

**Abbildung 5 Wichtige Erlaubnistatbestände für die Arbeit der Freien Träger**

**Verarbeitung »normaler« Daten (Art. 6 EU-DSGVO)**

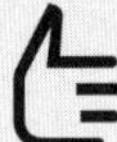

Einwilligung durch Erklärung oder eindeutig bestätigende Handlung, inkl. schlüssigem Tun (Art. 6 Abs. 1 lit. a EU-DSGVO)

Vertragsdurchführung (Art. 6 Abs. 1 lit. b EU-DSGVO)

Gesetzliche Pflicht zur DV (Art. 6 Abs. 1 lit. c EU-DSGVO)

Ausübung öffentlicher Gewalt als Beliehener (Art. 6 Abs. 1 lit. e EU-DSGVO)

Ausnahmsweise nach individueller Abwägung der Interessen (Art. 6 Abs. 1 lit. f EU-DSGVO)

**Verarbeitung »besonderer« Daten (Art. 9 EU-DSGVO)**

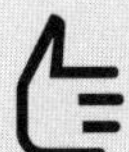

Ausdrückliche Einwilligung
(Art. 9 Abs. 2 lit. a EU-DSGVO)

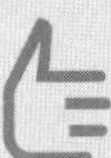

Mutmaßliche Einwilligung und zum Schutz lebenswichtiger Interessen bei eigener Unfähigkeit zur Einwilligung
(Art. 9 Abs. 2 lit. c EU-DSGVO)

Ausübung sozialrechtlicher Ansprüche des Betroffenen
(Art. 9 Abs. 2 lit. b EU-DSGVO)

Tendenzbetrieb (Art. 9 Abs. 2 lit. d EU-DSGVO), z.B. kirchlich

Individuelle Versorgung und Behandlung
(Art. 9 Abs. 2 lit. h EU-DSGVO)

Aufgrund dieses Machtungleichgewichts gibt es Bedenken bei der Verarbeitung von Daten durch *öffentliche Stellen.* Dies wird etwa praktisch relevant, wenn im Rahmen eines Antrags auf Kostenübernahme die zuständige Behörde eine Einwilligung zur Datenverarbeitung haben möchte: Es ist insofern umstritten, ob aufgrund der Machtasymmetrie zwischen Bürger und Staat überhaupt eine »freiwillige« Einwilligung angenommen werden kann.[111]

Der Erwägungsgrund 43 der EU-DSGVO liefert auf den ersten Blick ein Argument gegen eine Zulässigkeit der Einwilligung gegenüber einer Behörde. Denn dort wird ausgeführt, dass eine Einwilligung nicht eingefordert werden darf, wenn es sich bei dem Verantwortlichen um eine Behörde handelt »und es deshalb in Anbetracht aller Umstände in dem speziellen Fall unwahrscheinlich ist, dass die Einwilligung freiwillig gegeben wurde«. Das schließt eine Einwilligung gegenüber einer Behörde allerdings nicht per se aus, sondern verlangt nach einer Einzelfallbetrachtung der konkreten Umstände. Auf der anderen Seite sprechen die überzeugenderen Argumente dafür, dass eine Einwilligung auch gegenüber einer Sozialleistungsbehörde ein zulässiger Erlaubnistatbestand für Datenverarbeitung ist: Zunächst ist die »Macht« der Behörde – und damit das Ungleichgewicht – durch zahlreiche Vorschriften praktisch begrenzt. Beispielsweise kann sie zwar nach § 66 Abs. 1 SGB I die Leistung bei fehlender Mitwirkung versagen, allerdings sind dieser Mitwirkung durch die in § 65 SGB I genannten Einschränkungen und den Verhältnismäßigkeitsgrundsatz auch klare Grenzen gesetzt.[112] Mithin werden Bürger zu einer Einwilligung nicht gleichsam »gezwungen«.

Des Weiteren geht der Gesetzgeber selbst, wie der Wortlaut von § 67b Abs. 2 SGB X belegt, davon aus, dass eine Einwilligung gegenüber einer Behörde prinzipiell zulässig sein kann. Eine solche Einwilligung gegenüber einer Behörde entspricht mithin durchaus der Rechtsordnung. Schließlich würde ein striktes Verbot der Einwilligung gegenüber einer Behörde verkennen, dass eine entsprechend dem Willen des Bürgers freiwillig erklärte Einwilligung auch ein Instrument eines selbstbestimmten Umgangs des Bürgers mit seinen Daten ist, welcher grundrechtlichen Schutz genießt (Art. 2 Abs. 1 i. V. m. Art. 1 Abs. 1 GG sowie Art. 8 GRCh).[113] Er muss nicht vor seinem freien Willen geschützt werden. In der datenschutzrechtlichen

111 Vgl. *Krahmer; Palsherm,* a. a. O. (Fußn. 5), S. 605 m. w. N.

112 *Krahmer; Palsherm,* a. a. O. (Fußn. 5), S. 605 m. w. N.

113 *Krahmer; Palsherm,* a. a. O. (Fußn. 5), S. 605 m. w. N.

Praxis ist der Streit i. d. R. dadurch entschärft, dass sich die Behörde auf andere Erlaubnistatbestände stützt, wie insbesondere Art. 6 Abs. 1 lit. e) EU-DSGVO – also die Datenverarbeitung zur Wahrnehmung der durch das Gesetz zugewiesenen Aufgabe, wie beispielsweise beim Jobcenter die Existenzsicherung nach dem SGB II (s. dazu vertiefend S. 58).

**Spezifisch und informiert:** Fernerhin muss die Einwilligung nach Art. 4 Nr. 11 EU-DSGVO *»für den bestimmten Fall«* und *»in informierter Weise«* gegeben werden.[114] Das konkretisiert den allgemeinen Grundsatz der Transparenz, wonach die Verarbeitung von Daten »in einer für die betroffene Person nachvollziehbaren Weise« erfolgen muss (s. dazu oben, S. 27), und ergänzt Art. 6 Abs. 1 lit. a) EU-DSGVO, wonach die Einwilligung *»für einen oder mehrere bestimmte Zwecke gegeben«* wird. Diese Anforderung greift wiederum das Prinzip der Zweckbindung auf (s. oben, S. 27).[115] Zusammenfassend geht es also darum, dass die betroffene Person die Reichweite ihrer Einwilligung erkennen können soll. Mithin muss deutlich werden, welche Daten für welchen Verantwortlichen zu welchem Zweck von der Einwilligung erfasst werden (keine sog. »Blanko-Einwilligung« oder »Generaleinwilligung«; s. auch Erwägungsgrund 42 Satz 3 EU-DSGVO, sog. »informierte Einwilligung«).[116]

Pauschale Einwilligungen in Bezug auf erst zukünftig bedeutsame Zwecke, auf unübersichtliche Datensammlungen (z. B. »alles aus einem zehnbändigen Aktenkonvolut über Otto Darmstadt« oder »alle Akten, die im Jugendamt über die Familie Darmstadt geführt werden«), außerdem auf zukünftig möglicherweise erst anfallende Daten oder auf nicht eingrenzbare Empfänger von Daten (z. B.: »Der Fall des Klienten darf zum Zwecke kollegialer Beratung besprochen werden.«) sind damit unzulässig i. S. d. EU-DSGVO.[117] Allerdings würde man die strengen Anforderungen an die Einwilligung überdehnen, wenn man die Benennung jedes konkreten einzelnen Verarbeitungsvorgangs verlangt. Je stärker Persönlichkeitsrechte

114 Losgelöst davon sieht Art. 13 EU-DSGVO bestimmte Informationspflichten bei der Erhebung personenbezogener Daten bei der betroffenen Person vor (s. dazu auch Kap. 1.4.5).

115 *Albers; Veit* in: Wolff; Brink a. a. O. (Fußn. 56), Art. 6 DSGVO Rn. 32.

116 *Buchner; Kühling* in: Kühling; Buchner, a. a. O. (Fußn. 34), Art. 7 DS-GVO Rn. 59. Siehe auch zu den recht strengen Anforderungen für die Darstellung der Inhalte und Folgen einer Einwilligung für Sozialleistungsträger nach § 67b Abs. 2 S. 3 SGB X: notwendiger Hinweis auf den Zweck der vorgesehenen Verarbeitung, Folgen der Verweigerung und die jederzeitige Widerrufsmöglichkeit. Zur Begrenzung der Reichweite bei zulässigen Einwilligungserklärungen auch BVerfG v. 17.07.2013 – 1 BvR 3167/08 – Rn. 27.

117 *Krahmer; Palsherm,* a. a. O. (Fußn. 5), S. 605 f. m. w. N.; *Palsherm,* a. a. O. (Fußn. 24), S. 19.

von Betroffenen durch Daten berührt sind (z. B. bei Daten aus der Intimsphäre), umso höhere Anforderungen sind an die Konkretheit und Bestimmtheit der Einwilligung zu stellen.[118]

Im Allgemeinen wird es ausreichen, wenn im Vorfeld der Einwilligung der Verwendungszweck (z. B. im Fall der Betreuung einer Klientin im Bürgergeldbezug: »zum Zweck der materiellen Sicherung der Existenz«), die Art der Verarbeitung (z. B. »Erhebung, Speicherung und Weiterleitung im Rahmen der Antragstellung auf Sozialleistungen an die zuständige Behörde«), die Art der personenbezogenen Daten (z. B. »grundlegende Daten zur Person, nämlich Name, Adresse und Wohnort, sowie Daten zur Einkommens- und Vermögenslage, ferner Daten zur Fähigkeit, aus gesundheitlichen Gründen noch drei Stunden auf dem allgemeinen Arbeitsmarkt tätig sein zu können«), Verantwortlicher für die Daten (z. B. »Hilfe für Menschen in Not Nürnberg e.V.«) und mögliche Empfänger (z. B. »Jobcenter«) genannt werden.[119] Über die »informierte Einwilligung« hinaus sind immer die *Rechte des Betroffenen nach Art. 13 ff. EU-DSGVO* zu beachten. Das betrifft im vorliegenden Zusammenhang insbesondere die Verpflichtung des Verantwortlichen, den Betroffenen bei der Datenerhebung über die in Art. 13 und Art. 14 EU-DSGVO benannten Punkte zu informieren (dazu ausführlich S. 76 f.).

**Unmissverständlich:** Schließlich muss für eine wirksame Einwilligung nach Art. 4 Nr. 11 EU-DSGVO eine »unmissverständlich abgegebene Willensbekundung in Form einer Erklärung oder einer sonstigen eindeutigen bestätigenden Handlung vorliegen, mit der die betroffene Person zu verstehen gibt, dass sie mit der Verarbeitung der sie betreffenden personenbezogenen Daten einverstanden ist«. Daraus folgt zum Ersten, dass die Einwilligung prinzipiell *nicht zwingend ausdrücklich* erfolgen muss, d. h, man muss nicht explizit sagen: »Ich bin einverstanden.« Ausreichend ist, wenn sich aus dem, was man tut, ein Rückschluss ziehen lässt, dass man einverstanden ist (»bestätigende Handlung«). Etwas anderes gilt nach Art. 9 Abs. 2 lit. a) EU-DSGVO für die Einwilligung in die Verarbeitung besonderer Kategorien von personenbezogenen Daten, wie z. B.

---

118 So *Buchner; Kühling* in: Kühling; Buchner, a. a. O. (Fußn. 34), Art. 7 DS-GVO Rn. 65.

119 Ein Muster einer rechtswirksamen Einwilligungserklärung hat der Thüringer Landesbeauftragte für den Datenschutz und die Informationsfreiheit veröffentlicht, erhältlich unter: https://www.tlfdi.de/fileadmin/tlfdi/datenschutz/anwendungsbeispiel_einwilligung_.pdf (03.07.2022).

Gesundheitsdaten (s. zum Begriff der »besonderen Daten« bereits oben im Kap. 1.4.1 unter 1): Hier wird die »ausdrückliche« Einwilligung verlangt, d. h., man muss explizit ausdrücken, dass man einwilligt. Im Bereich sozialpsychiatrischer Arbeit ist deshalb im Regelfall eine ausdrückliche Einwilligung aufgrund der Art der zu verarbeitenden Daten notwendig.

Wenn eine nicht ausdrückliche – sog. konkludente – Einwilligung zulässig ist, weil keine besonderen Daten verarbeitet werden[120], muss diese Einwilligung in jedem Fall aus einer *eindeutigen Handlung* bestehen (zur Beweisbarkeit dieser Handlung unten unter e). Reines Nichtstun, Schweigen oder vorangekreuzte Kästchen in Internetformularen (sog. Opt-out; davon zu unterscheiden ist das datenschutzrechtlich zulässige Ankreuzen – sog. Opt-in –, weil dieses ein aktives Tun erfordert) sind keinesfalls ausreichend (s. Erwägungsgrund 32 Satz 3 der EU-DSGVO).[121] Demgegenüber kann eine Antrag- oder Fragestellung (z. B. Antrag auf einen Pflegegrad) zugleich als konkludente Einwilligung in die Verarbeitung der für deren Bearbeitung notwendigen Daten verstanden werden. Denn ohne diesen Verarbeitungsvorgang ergibt die Antrag- oder Fragestellung keinen Sinn.[122] Der datenschutzrechtlich Verantwortliche ist in jedem Fall verpflichtet – insbesondere bei einer konkludenten Einwilligung –, sehr genau zu dokumentieren, aus welcher Handlung er die Einwilligung entnimmt (s. Art. 7 Abs. 1 EU-DSGVO und Erwägungsgrund 42 Satz 1).[123]

Somit ist einer *mutmaßlichen Einwilligung*, die sich oftmals allein auf »Erwägungen der Vernunft« stützte, ohne dass konkrete Handlungen des Betroffenen zur Einwilligung stattgefunden haben, fast immer der Boden entzogen.[124] Allerdings gibt es auch hier eine praktische relevante »Ausnahme«: Die zum Schutz lebenswichtiger Interessen erforderliche Datenverarbeitung ist auch zulässig, wenn die betroffene Person aus körperlichen oder rechtlichen Gründen außerstande ist, ihre Einwilligung zu geben (Art. 9 Abs. 2 lit. c) EU-DSGVO). Das ist beispielsweise der Fall, wenn die

120 Nach dem eindeutigen Wortlaut von Art. 9 Abs. 2 lit. a) EU-DSGVO (»ausdrücklich eingewilligt«) im Vergleich zur Fassung des Art. 6 Abs. 1 lit. a) i. V. m. Art. 4 Nr. 11 EU-DSGVO ist bei sog. »besonderen Kategorien von Daten« eine nicht ausdrückliche Einwilligung nicht vorgesehen (Kühling; Klar; Sackmann, a. a. O. (Fußn. 10), Rn. 456; *Krahmer; Palsherm*, a. a. O. (Fußn. 5), S. 607).

121 *Albers; Veit* in: Wolff; Brink, a. a. O. (Fußn. 56), Art. 6 DS-GVO Rn. 38; *Krahmer; Palsherm*, a. a. O. (Fußn. 5), S. 606 m. w. N.

122 *Albers; Veit* in: Wolff; Brink, a. a. O. (Fußn. 56), Art. 6 DS-GVO Rn. 38; *Frenzel* in: Paal; Pauly, a. a. O. (Fußn. 65), Art. 6 DS-GVO Rn. 11.

123 *Krahmer; Palsherm*, a. a. O. (Fußn. 5), S. 606 m. w. N.

124 *Krahmer; Palsherm*, a. a. O. (Fußn. 5), S. 606 m. w. N.

betroffene Person bewusstlos ist oder trotz entsprechender hinreichender Anstrengungen nicht (rechtzeitig) erreicht werden kann.[125]

Konkret darf etwa ein Mitarbeiter eines freien Trägers, der im Rahmen einer asynchronen Onlineberatung im Krisendienst von suizidalen Tendenzen eines Klienten erfahren hat, zu Rettungszwecken dessen Daten an Polizei und Rettungsdienst weiterleiten.[126]

Mithin lässt sich auch nach dem Inkrafttreten der EU-DSGVO die Datenverarbeitung noch auf die »mutmaßliche Einwilligung« von Klienten stützen, wenn diese aktuell ihre Einwilligung nicht geben können und lebensrettende Maßnahmen durchgeführt werden müssen. Hier kann man sich fragen, ob das nicht der Definition der Einwilligung in Art. 4 Nr. 11 EU-DSGVO widerspricht, wo von einer »eindeutigen bestätigenden Handlung« die Rede ist. Diese Handlung würde die betroffene Person bei einer mutmaßlichen Einwilligung aber vornehmen, wenn sie es denn könnte.[127] Anhaltspunkte dafür, dass die betroffene Person eine solche Einwilligung erteilen würde, ergeben sich aus ihren persönlichen Umständen, Interessen, Wünschen, Bedürfnissen und Wertvorstellungen, die sich insbesondere aus früheren Äußerungen ableiten lassen.[128] Außerdem sieht die Datenschutz-Grundverordnung selbst in Art. 9 Abs. 2 lit. c) EU-DSGVO vor, dass eine mutmaßliche Einwilligung unter spezifischen Bedingungen zulässig sein kann. Es ist also auch hier der Einzelfall entscheidend.

Jede Einwilligung ist entsprechend der üblichen juristischen Terminologie – s. § 183 S. 1 BGB – eine *vorherige Zustimmung* und kann nicht nachträglich erteilt werden. Dafür spricht auch der Wortlaut des Art. 6 Abs. 1 lit. a) EU-DSGVO (»[...] hat ihre Einwilligung zu der Verarbeitung [...] gegeben«). Eine nachträgliche Genehmigung einer Datenverarbeitung

**125** *Kühling; Klar; Sackmann*, a. a. O. (Fußn. 10), Rn. 463; *Krahmer; Palsherm*, a. a. O. (Fußn. 5), S. 607.

**126** *Palsherm*, a. a. O. (Fußn. 24), S. 19; vgl. aber auch die Tendenz in der Rechtsprechung, die Freiverantwortlichkeit eines Suizids unter bestimmten Voraussetzungen zu akzeptieren und daher keine Strafbarkeit von Menschen mit einer strafrechtlichen Garantenstellung – wie z. B. Behandlungspersonen – mehr anzunehmen: BVerfG v. 26.02.2020 – 2 BvR 2347/15, 2 BvR 651/16, 2 BvR 1261/16, 2 BvR 1593/16, 2 BvR 2354/16, 2 BvR 2527/16 – Rn. 208 ff. zum Recht auf selbstbestimmtes Sterben einschließlich des Rechts auf Selbsttötung als Ausdruck persönlicher Autonomie im Rahmen des allgemeinen Persönlichkeitsrechts; BGH v. 03.07.2019 – 5 StR 132/18 und 5 StR 393/18: »Angesichts der gewachsenen Bedeutung der Selbstbestimmung des Einzelnen auch bei Entscheidungen über sein Leben kann in Fällen des freiverantwortlichen Suizids der Arzt, der die Umstände kennt, nicht mit strafrechtlichen Konsequenzen verpflichtet werden, gegen den Willen des Suizidenten zu handeln.«

**127** *Weichert* in: Kühling; Buchner, a. a. O. (Fußn. 34), Art. 9 DS-GVO Rn. 64.

**128** *Krahmer; Palsherm*, a. a. O. (Fußn. 5), S. 607; *Weichert* in: Kühling; Buchner, a. a. O. (Fußn. 34), Art. 9 DS-GVO Rn. 64.

führt also nicht dazu, dass ein rechtswidriger Vorgang damit rechtmäßig wird.[129]

Allerdings bleibt eine bereits vor dem Inkrafttreten der Datenschutz-Grundverordnung am 25.05.2018 erteilte Einwilligung wirksam. Dennoch erfüllen viele »alte« Einwilligungen die seit dem Inkrafttreten der EU-DSGVO notwendigen Anforderungen an die Wirksamkeit der Einwilligung nicht, insbesondere im Hinblick auf den Hinweis auf die jederzeitige Widerrufbarkeit der Einwilligung nach Art. 7 Abs. 3, S. 1 EU-DSGVO.[130] Die Lösung dieser Problematik besteht dann in der Einholung einer neuen, rechtskonformen Einwilligung.

**Einwilligungsfähigkeit:** Nach Art. 4 Nr. 11 EU-DSGVO gibt die »betroffene« Person mit der Einwilligung ihr Einverständnis zur Datenverarbeitung. *Einwilligender* muss also die betroffene Person sein, da die Verarbeitung einen Eingriff in ihr allgemeines Persönlichkeitsrecht bildet. Die *Einschaltung eines Boten* zur Überbringung der vom Betroffenen selbst formulierten Einwilligung ist unproblematisch möglich.[131] Im Hinblick auf die Möglichkeit einer Stellvertretung bei der Erteilung der Einwilligung, d. h. einer eigenen Entscheidung der Stellvertreterin anstelle einer bloßen Weitergabe einer fertigen Entscheidung des Betroffenen wie beim Boten, ist zu unterscheiden:

Fehlt die Einwilligungsfähigkeit beim Einwilligenden, weil er krankheitsbedingt die Bedeutung und Tragweite seiner Entscheidung nicht ermessen kann, dann darf ein (gesetzlicher) Vertreter wie beispielsweise ein rechtlicher Betreuer anstelle der betroffenen Person handeln. Denn es ist ureigenster Sinn der Stellvertretung, für den selbst nicht Handlungsfähigen zu handeln. Umstritten ist dagegen die rechtliche Bewertung der Stellvertretung, wenn die sog. natürliche Einsichtsfähigkeit bei der betroffenen Person vorliegt. Dies erfordert, dass diese, abhängig von ihrer geistigen und sittlich-charakterlichen Reife, die Bedeutung und Tragweite der Entscheidung ermessen kann.

Dazu muss sie den zugrunde liegenden Sachverhalt verstanden, die relevanten Informationen verarbeitet und – auch im Hinblick auf Alternativen – bewertet haben sowie auf dieser Basis den eigenen Willen

129 *Kühling; Klar; Sackmann,* a. a. O. (Fußn. 10), Rn. 505; *Krahmer; Palsherm,* a. a. O. (Fußn. 5), S. 606.
130 *Hundt,* a. a. O. (Fußn. 26), S. 79; *Krahmer; Palsherm,* a. a. O. (Fußn. 5), S. 607.
131 *Kühling; Klar; Sackmann,* a. a. O. (Fußn. 10), Rn. 524; *Krahmer; Palsherm,* a. a. O. (Fußn. 5), S. 606.

bestimmen können.[132] Ist dies der Fall, lässt sich die Einwilligung – so die Vertreter einer rechtswissenschaftlichen Meinung – durch einen Vertreter mit dem Argument einschränken, dass eine Vertretung nicht notwendig sei und die höchstpersönliche Erklärung der betroffenen Person vorgeht.[133] Dagegen lässt sich allerdings einwenden, dass das Datenschutzrecht mit der Vorgabe einer bestätigenden Handlung, »mit der die betroffene Person zu verstehen gibt, dass sie mit der Verarbeitung der sie betreffenden personenbezogenen Daten einverstanden ist« (s. Art. 4 Nr. 11 EU-DSGVO), das Datenschutzniveau heben, aber nicht die Freiheiten eines Vollmachtgebers einschränken will.[134]

Welche Auffassung verdient nun den Vorzug? Die Einwilligung dient der Sicherung der Selbstbestimmung über die eigenen Daten. Dieser Schutz ist letztlich nur gewahrt, wenn für den konkreten Fall feststeht, dass der (auch selbst einsichtsfähige) Betroffene mit der Datenverarbeitung selbst einverstanden ist. Das ist bei einer Stellvertretung für einen Einsichtsfähigen aber nicht eindeutig klar. Mithin scheidet nach hier vertretener Meinung eine Stellvertretung aus, wenn der Betroffene selbst zumindest natürlich einsichtsfähig ist.

**Form:** Außerdem müssen weitere Bedingungen für eine rechtlich wirksame Einwilligung erfüllt werden: Für die Tatsache, dass die betroffene Person ihre Einwilligung auch erteilt hat, ist der Verantwortliche *beweispflichtig* (Art. 7 Abs. 1 EU-DSGVO). Die Datenschutz-Grundverordnung verlangt für die Wirksamkeit der Einwilligung keine bestimmte Form.[135] Gleichwohl ist die Schriftform die beste Variante, um zugleich die Beweisanforderungen zu erfüllen.[136]

Die *Einwilligung* muss, wenn sie in einer schriftlichen Erklärung mit anderen Sachverhalten verbunden wird, *klar von diesen unterscheidbar sein*, in verständlicher und leicht zugänglicher Form sowie in klarer und einfacher Sprache erfolgen (Art. 7 Abs. 2 S. 1 EU-DSGVO). Dies sollte insbe-

132 Vgl. ähnlich die Kriterien zur Beurteilung der natürlichen Einwilligungsfähigkeit in Heilbehandlungen: DGGG/DGPPN/DGN (Hg.) (2020): Einwilligung von Menschen mit Demenz in medizinische Maßnahmen, S. 57 ff. erhältlich unter: https://www.awmf.org/uploads/tx_szleitlinien/108-001l_S2k_Einwilligung_von_Menschen_mit_Demenz_in_medizinische_Ma%C3%9Fnahmen_2020-10_01.pdf (03.07.2023).

133 *Hoffmann* (2017), NZS, S. 807 u. 809, und im Ergebnis auch *Bieresborn* (2017b), S. 926 u. 930, sowie *Hundt*, a. a. O. (Fußn. 26), S. 74.

134 *Kühling; Klar; Sackmann*, a. a. O. (Fußn. 10), Rn. 524.

135 Anders für die Einwilligung im Sozialverwaltungsverfahren das Schriftform(soll-)gebot nach § 67b Abs. 2 SGB X.

136 *Palsherm*, a. a. O. (Fußn. 24), S. 19.

sondere bedacht werden, wenn Verträge mit datenschutzrechtlichen Einwilligungen in einem vorformulierten Dokument (»Allgemeine Geschäftsbedingungen«) verbunden werden. Grafische Hervorhebungen wie Fettdruck oder Umrandung tragen zur notwendigen Unterscheidbarkeit bei. Zu erwägen ist, wenn auch nicht zwingend, ob die Einwilligung nicht zur Steigerung der Transparenz und zur einfacheren Beweisbarkeit in einem gesondert zu unterzeichnenden Dokument erfolgen sollte. Es empfiehlt sich, dass der Träger einer sozialpsychiatrischen Einrichtung Muster für eine Einwilligung der Klientinnen vorhält bzw. seine Beschäftigten für die Erstellung einer solchen Einwilligung gut geschult hat.

Eine erteilte *Einwilligung* kann jederzeit – auch ohne Angabe von Gründen – *widerrufen* werden (Art. 7 Abs. 3 S. 1 EU-DSGVO), worauf die Einwilligenden auch vor der Erteilung hinzuweisen sind (Art. 7 Abs. 3 S. 3 EU-DSGVO). Adressat des Widerrufs ist der Verantwortliche, dem gegenüber auch die Einwilligung erklärt wurde, also z. B. der Träger der Einrichtung, in der der Klient betreut wird.[137] Eine bestimmte Form ist für den Widerruf genauso wenig wie bei der Erteilung der Einwilligung[138] vorgesehen (s. Art. 7 Abs. 3 S. 4 EU-DSGVO). Ein Widerruf wirkt dann für die Zukunft, berührt aber nicht die Wirksamkeit der vorher auf der Grundlage der Einwilligung erfolgten Verarbeitung von Daten (Art. 7 Abs. 3 S. 2 EU-DSGVO). Jedoch müssen gespeicherte Daten nun gelöscht werden (Art. 17 Abs. 1 lit. b) EU-DSGVO), es sei denn, die Datenverarbeitung ließe sich auch auf eine andere Rechtsgrundlage stützen.[139]

**Nach dem sog. Verbot mit Erlaubnisvorbehalt erfordert die Verarbeitung von Daten immer einen Erlaubnistatbestand – anderenfalls ist sie unzulässig. Die Erlaubnistatbestände folgen für »normale« Daten aus Art. 6 Abs. 1 EU-DSGVO (z. T. in Verbindung mit bereichsspezifischen Konkretisierungen wie z. B. aus dem Sozialrecht) und für »besonders sensible Daten« aus Art. 9 Abs. 2 EU-DSGVO. Eine für beide Kategorien von Daten sehr praxiswichtige Erlaubnis folgt aus der »Einwilligung« der Betroffenen. Dabei ist besonderes Augenmerk auf die »Freiwillig-**

137 *Kühling; Klar; Sackmann,* a. a. O. (Fußn. 10), Rn. 529; *Krahmer; Palsherm,* a. a. O. (Fußn. 5), S. 606.
138 Vgl. aber das Schriftformsollgebot im Sozialdatenschutzrecht nach § 67b Abs. 2 SGB X.
139 *Kühling; Klar; Sackmann,* a. a. O. (Fußn. 10), Rn. 531; *Krahmer; Palsherm,* a. a. O. (Fußn. 5), S. 606.

**keit« und auf den »konkreten Zweck« sowie die Einwilligung durch eine »eindeutig bestätigende Handlung« zu legen. Eine erteilte Einwilligung kann jederzeit widerrufen werden.**

### 1.4.3 Zusätzliche Erlaubnisse für die Datenverarbeitung

**Art. 6 Abs. 1, 9 Abs. 2 EU-DSGVO**

Die Darstellung weiterer gesetzlicher Erlaubnistatbestände fokussiert nun auf solche, die für Einrichtungen der Sozialpsychiatrie, insbesondere in der Trägerschaft der freien Wohlfahrtspflege, neben der oben aufgeführten Einwilligung eine besondere Relevanz haben. Daher soll für »normale« Daten im Folgenden auf die Erlaubnistatbestände nach Art. 6 Abs. 1 lit. b), c), e) und f) EU-DSGVO[140] und für »besondere« Daten[141] auf Art. 9 Abs. 2 lit. b), d) und h) EU-DSGVO eingegangen werden[142]. Grundsätzlich verdrängen die Berechtigungen für »besonders sensible« Daten nach Art. 9 Abs. 2 EU-DSGVO die »normalen« Berechtigungen nach Art. 6 Abs. 1 EU-DSGVO durch Spezialität, weil anderenfalls niemand die strengeren Anforderungen nach Art. 9 EU-DSGVO zu erfüllen suchte, sondern sich auf die Wahrung der großzügigeren Anforderungen nach Art. 6

140 Nicht näher behandelt aus dem Spektrum des Art. 6 Abs. 1 EU-DSGVO wird die (nachrangig zulässige) Datenverarbeitung zum Schutz lebenswichtiger Interessen der betroffenen Person oder einer anderen natürlichen Person (s. Art. 6 Abs. 1 lit. d) EU-DSGVO). Denn für »besondere« Daten – wie z. B. Gesundheitsdaten – ist Art. 9 Abs. 2 lit. c) EU-DSGVO vorrangig und desgleichen für Aufgaben der öffentlichen Gefahrenabwehr Art. 6 Abs. 1 lit. e) EU-DSGVO. In der Literatur wird daher – in Übereinstimmung mit Erwägungsgrund 46 Satz 3 der EU-DSGVO – der wichtigste Anwendungsfall des Art. 6 Abs. 1 lit. d) EU-DSGVO im Katastrophenmanagement durch private Stellen gesehen, z. B. bei einer Großschadenslage der Wasserversorgung, bei der zur Gefahrenabwehr alle Inhaber von Hausanschlüssen kontaktiert werden müssen (vgl. *Frenzel* in: Paal; Pauly, a. a. O. (Fußn. 65), Art. 6 DS-GVO Rn. 21).

141 S. dazu Kap. 1.4.1 unter 1.

142 Damit wird hier mangels größerer Relevanz für die Soziale Arbeit in sozialpsychiatrischen Einrichtungen nicht näher eingegangen auf die Datenverarbeitung »besonderer« Daten, die zulässig ist, (i) weil die betroffene Person die Daten offensichtlich selbst öffentlich gemacht hat (Art. 9 Abs. 2 lit. e) EU-DSGVO) – z. B. als Bloggerin oder Betreiberin der Homepage einer Selbsthilfevereinigung im Austausch mit anderen Betroffenen –, (ii) ferner weil sie die legitime Durchsetzung von Rechten sichert (Art. 9 Abs. 2 lit. f) EU-DSGVO, »Justizgewährungsanspruch«), (iii) weil im Sinne einer Öffnungsklausel ein erhebliches öffentliches Interesse besteht (Art. 9 Abs. 2 lit. g) EU-DSGVO), (iv) weil ein öffentliches Interesse im Bereich öffentlicher Gesundheit besteht, wie dem Schutz vor Gesundheitsgefahren oder zur Qualitätssicherung bei der Gesundheitsversorgung (Art. 9 Abs. 2 lit. i) EU-DSGVO), oder (v) schließlich, weil im öffentlichen Interesse liegende Archivzwecke, wissenschaftliche oder historische Forschungszwecke oder statistische Zwecke die Verarbeitung erforderlich machen (Art. 9 Abs. 2 lit. j) EU-DSGVO).

EU-DSGVO beschränkte, wenn er sich den Erlaubnistatbestand aussuchen könnte.[143] Im Übrigen können die einzelnen Berechtigungsgründe – innerhalb von entweder Art. 6 Abs. 1 oder Art. 9 Abs. 2 EU-DSGVO – jedoch nicht immer trennscharf abgegrenzt werden.

**Erforderlichkeit für die Durchführung eines Vertrages:** Ein recht praxisrelevanter Erlaubnistatbestand folgt zunächst aus Art. 6 Abs. 1 lit. b) EU-DSGVO: die Erforderlichkeit für die Durchführung eines Vertrages mit der betroffenen Person als Vertragspartei bzw. vorvertraglicher Maßnahmen auf Anfrage der betroffenen Person. Damit werden solche Datenverarbeitungsvorgänge gerechtfertigt, ohne die eine Vertragserfüllung entsprechend der getroffenen Vereinbarung nicht möglich ist.[144] Ob eine Vertragserfüllung ohne die Verarbeitung bestimmter Daten tatsächlich nicht möglich ist, ist aber nicht zu streng zu bewerten. Hinreichend ist, dass die Datenverarbeitung im Hinblick auf den Vertragszweck objektiv sinnvoll ist.[145] Es kommt also darauf an, ob man als verständiger Mensch die Daten verarbeiten würde, um seinen vertraglich übernommenen Pflichten nachkommen zu können.

Die Regelung erfasst vor allem die sog. Stammdaten zur Person, beispielweise wenn im Rahmen eines bestehenden Vertragsverhältnisses zwischen der betroffenen Person und einem freien Träger der Wohlfahrtspflege Name, Telefonnummer, E-Mail und Anschrift sowie bei Selbstzahlern auch Bankdaten verarbeitet werden.[146] Ein Beispiel ist hier ein Betreuungsvertrag im Rahmen unterstützten Einzelwohnens. Damit dürfen alle Daten verarbeitet werden, welche der Erfüllung dieser Hauptleistungspflicht aus dem Vertrag – der Ermöglichung des Einzelwohnens – objektiv dienen. Was aber diesem Leistungsziel genau dienlich ist, wird maßgeblich durch die fachlich-sozialarbeiterische Expertise bestimmt. Kurzum: Was der Sozialarbeiter zwingend braucht, um seine vertraglich geschuldete Leistung nach den anerkannten Grundsätzen seiner Profession überhaupt erbringen zu können, darf er verarbeiten.

**Erfüllung einer rechtlichen Verpflichtung:** Eine Verarbeitung von Daten ist nach Art. 6 Abs. 1 lit. c) EU-DSGVO ferner zulässig, wenn dies

---

143 *Albers; Veit* in: Wolff; Brink, a. a. O. (Fußn. 56), Art. 9 DS-GVO Rn. 11.

144 *Albers; Veit* in: Wolff; Brink, a. a. O. (Fußn. 56), Art. 6 DS-GVO Rn. 41; *Frenzel* in: Paal; Pauly, a. a. O. (Fußn. 65), Art. 6 DS-GVO Rn. 14; *Kühling; Klar; Sackmann,* a. a. O. (Fußn. 10), Rn. 382; *Palsherm,* a. a. O. (Fußn. 24), S. 20.

145 VG Mainz v. 20.02.2020 – 1 K 467/19.MZ – juris Rn. 31 (rechtskräftig).

146 *Palsherm,* a. a. O. (Fußn. 24), S. 20.

zur *Erfüllung einer rechtlichen Verpflichtung* des Verantwortlichen geschieht. Eine »rechtliche Verpflichtung« in diesem Sinne liegt vor, wenn sie zum Ersten durch ein Gesetz angeordnet wird[147] und wenn zum Zweiten – wie der systematische Abgleich mit den anderen Erlaubnistatbeständen belegt – diese Verpflichtung sich gerade auf die Datenverarbeitung bezieht bzw. sie anordnet[148]. Beispiele dafür sind die Verpflichtung für die Leitung einer Gemeinschaftseinrichtung wie Schulen oder Heime, bestimmte Erkrankungen wie Masern oder Tuberkulose dem Gesundheitsamt zu melden (§ 34 Abs. 6 S. 1 Infektionsschutzgesetz), ferner die steuerrechtlichen Aufbewahrungsvorschriften für Bücher, Buchungsbelege und Geschäftsbriefe (§ 147 Abgabenordnung) sowie die für gemeinnützige GmbHs geltenden Aufbewahrungsregeln für Handelsbücher und Handelsbriefe (§§ 257, 238 f. HGB).[149] Berichtspflichten freier Träger gegenüber den Sozialleistungsträgern werden jedoch nicht von Art. 6 Abs. 1 lit. c) EU-DSGVO, sondern von Art. 6 Abs. 1 lit. f) (s. u. unter d) bzw. Art. 9 Abs. 2 lit. b) EU-DSGVO (s. u. unter e) erfasst.[150]

**Ausübung öffentlicher Gewalt:** Auch die Wahrnehmung einer Aufgabe, die in *Ausübung* öffentlicher *Gewalt* erfolgt, rechtfertigt die Verarbeitung von Daten (Art. 6 Abs. 1 lit. e) EU-DSGVO). Darunter sind die Ausübung öffentlicher Funktionen durch Behörden und ausnahmsweise auch durch Privatpersonen, die im Sinne des Verwaltungsrechts mit dieser öffentlichen Aufgabe beliehen[151] worden sind, zu verstehen.[152] Eine solche Beleihung von Privaten ist freilich nicht der Regelfall. Sie ist ausnahmsweise gegeben, wenn z. B. freie Träger im Rahmen der Schwangerschaftskonfliktberatung einen Beratungsschein nach § 7 Schwangerschaftskonfliktgesetz ausstellen.[153]

147 *Albers; Veit* in: Wolff; Brink, a. a. O. (Fußn. 56), Art. 6 DS-GVO Rn. 48; *Frenzel* in: Paal; Pauly, a. a. O. (Fußn. 65), Art. 6 DS-GVO Rn. 16; *Hundt*, a. a. O. (Fußn. 26), S. 52; *Kühling; Klar; Sackmann*, a. a. O. (Fußn. 10), Rn. 392; *Palsherm*, a. a. O. (Fußn. 24), S. 20.

148 Hessisches LSG v. 29.01.2020 – L 4 SO 154/19 B – juris Rn. 15; *Albers; Veit* in: Wolff; Brink, a. a. O. (Fußn. 56), Art. 6 DS-GVO Rn. 48; *Frenzel* in: Paal; Pauly, a. a. O. (Fußn. 65), Art. 6 DS-GVO Rn. 16; *Pabst* (2020) in: Schwartmann; Jaspers; Thüsing; Kugelmann: DS-GVO/BDSG, Art. 6 DS-GVO Rn. 63; *Palsherm*, a. a. O. (Fußn. 24), S. 20.

149 *Palsherm*, a. a. O. (Fußn. 24), S. 20.

150 *Palsherm*, a. a. O. (Fußn. 24), S. 20.

151 Die Beleihung ist ein Fachbegriff aus der Rechtssprache, der einen Sachverhalt beschreibt, bei dem eine Privatperson oder eine juristische Person des Privatrechts – wie eine GmbH – gesetzlich mit der hoheitlichen und selbstständigen Wahrnehmung bestimmter Verwaltungsaufgaben im eigenen Namen betraut wird (vgl. VG Berlin v. 19.12.2019 – 2 K 178.19 – juris Rn. 17).

152 *Palsherm*, a. a. O. (Fußn. 24), S. 20.

153 *Palsherm*, a. a. O. (Fußn. 24), S. 20.

Außerdem sehen die Bundesländer i. d. R. vor, dass die öffentlich-rechtliche Unterbringung von psychisch kranken Menschen im Falle einer erheblichen Eigen- oder Fremdgefährdung auch in solchen spezialisierten psychiatrischen Einrichtungen erfolgen kann, die entweder in privater Trägerschaft stehen oder (bei öffentlicher Trägerschaft) in privatrechtlicher Rechtsform betrieben werden. Um dann trotzdem dem Prinzip der Ausübung hoheitsrechtlicher Befugnisse i. d. R. nur durch Angehörige des öffentlichen Dienstes nach Art. 33 Abs. 4 GG zu genügen, was beispielsweise bei der Anwendung von unmittelbarem Zwang oder auch bei anderen grundrechtsrelevanten Eingriffen in Rechte der zwangsweise Untergebrachten relevant wird, erfolgt in diesen Fällen die Beleihung des Einrichtungsträgers mit der öffentlichen Aufgabe.[154]

**Wahrung berechtigter Interessen:** Ein weiterer Erlaubnistatbestand zur Verarbeitung »normaler« Daten folgt gemäß Art. 6 Abs. 1 lit. f) EU-DSGVO aus der sog. »*Wahrung berechtigter Interessen*« des Verantwortlichen oder eines Dritten, wenn hier nicht überwiegende gegenläufige Interessen der betroffenen Person bestehen oder deren Grundrechte oder Grundfreiheiten ungerechtfertigt eingeschränkt werden. Diese Vorschrift findet allerdings keine Anwendung auf Behörden (Art. 6 Abs. 1 S. 2 EU-DSGVO). Sie bildet gleichsam eine Auffangnorm für solche Verarbeitungen, die nicht von Art. 6 Abs. 1 lit. a)–e) EU-DSGVO erfasst werden.[155]

Voraussetzung für die Zulässigkeit der Datenverarbeitung ist, dass der Verantwortliche dabei zwischen den (überwiegenden) berechtigten Interessen des Verantwortlichen bzw. Dritten einerseits und den Interessen, Grundfreiheiten und Grundrechten der betroffenen Person andererseits abwägt.[156] Da derartige Abwägungsvorgänge im Regelfall kein Ergebnis von »mathematischer Genauigkeit« produzieren, muss ein Rest an Unsicherheit bei dieser Vorschrift akzeptiert werden.[157] Auch wenn dieser Erlaubnistatbestand in der freien (Werbe-)Wirtschaft für das Marketing eine sehr hohe praktische Relevanz hat, wird man in der Sozialen Arbeit gut

154 Vgl. z. B. Art. 8 Abs. 4 des Bayerischen Psychisch-Kranken-Hilfe-Gesetzes (s. dazu auch die Gesetzesbegründung in LT-Drs. 17/21573, S. 34 zu Art. 8 Abs. 4); § 10 Abs. 2 Gesetz über Hilfen und Schutzmaßnahmen sowie über den Vollzug gerichtlich angeordneter Unterbringung für psychisch kranke und seelisch behinderte Menschen im Land Brandenburg; § 13a Abs. 2 Hamburgisches Gesetz über Hilfen und Schutzmaßnahmen bei psychischen Krankheiten; § 10a Abs. 1 Gesetz über Hilfen und Schutzmaßnahmen bei psychischen Krankheiten Nordrhein-Westfalen.

155 *Albers; Veit* in: Wolff; Brink, a. a. O. (Fußn. 56), Art. 6 DS-GVO Rn. 69; *Frenzel* in: Paal; Pauly, a. a. O. (Fußn. 65), Art. 6 DS-GVO Rn. 26; *Palsherm*, a. a. O. (Fußn. 24), S. 20.

156 Das Vorgehen bei einer Abwägung wird ausführlich dargestellt von *Herfurth* (2018), ZD, S. 514 ff.

157 *Palsherm*, a. a. O. (Fußn. 24), S. 20.

daran tun, nur sehr zurückhaltend von ihm Gebrauch zu machen. Denn die eigenen Interessen des Trägers über die Interessen und Grundrechte des Klienten zu stellen, ist ein denkbar schlechter Anknüpfungspunkt für die Beziehungsarbeit.

Im Regelfall muss man sich in der sozialpsychiatrischen Arbeit aber auch nicht zwingend auf den Auffangtatbestand des Art. 6 Abs. 1 lit. f) EU-DSGVO stützen. Beispielsweise werden Berichte von sozialpsychiatrischen Einrichtungen an den Kostenträger übermittelt, um die Leistungserbringung nachzuweisen. Man könnte darin ein »berechtigtes Interesse« des Leistungserbringers sehen, weil er seine Vergütung möchte. Die Berichtsübermittlung ist aber auch durch Art. 9 Abs. 2 lit. b) EU-DSGVO gerechtfertigt, weil sie erforderlich ist, damit der Klient seine sozialrechtlichen Ansprüche ausüben kann.

**Ausübung sozialrechtlicher Ansprüche:** Die zur Ausübung sozialrechtlicher Ansprüche und zur Befolgung entsprechender Pflichten notwendige Verarbeitung *sensibler Daten* durch öffentliche und nicht öffentliche Stellen ist ebenfalls zulässig (Art. 9 Abs. 2 lit. b) EU-DSGVO i. V. m. § 22 Abs. 1 Nr. 1 lit. a) BDSG).[158] Dies betrifft beispielsweise einen freien Träger der Wohlfahrtspflege, den sich eine Klientin im Rahmen des sozialrechtlichen Leistungsdreiecks aus Leistungsberechtigter (= Klientin), Leistungsträger/Kostenträger (z. B. Jobcenter) und Leistungserbringer (= freier Träger der Wohlfahrtspflege, z. B. Beratungsstelle für psychische Gesundheit des Roten Kreuzes – sozialpsychiatrischer Dienst) ausgesucht hat, um eine psychosoziale Beratung (nach § 16a Nr. 3 SGB II) in Anspruch zu nehmen. Diese psychosoziale Beratung umfasst dann »alle Maßnahmen, die zur psychischen und sozialen Stabilisierung des Betroffenen zu dienen bestimmt sind«, also bei dieser unterstützen.[159]

Konkrete praktische Anwendungsfälle sind etwa psychische und soziale Unterstützungsleistungen zur Vorbereitung beruflicher Eingliederungsmaßnahmen bzw. im Vorfeld einer Arbeitsaufnahme oder die begleitende psychosoziale Betreuung von Drogenabhängigen mit dem Ziel

158 Da die Vorschrift auch das Arbeitsrecht anspricht, ist sie ebenfalls die rechtliche Basis der Verarbeitung von sensiblen Beschäftigtendaten durch Arbeitgeber, wie z. B. bei Krankheitsdaten im Hinblick auf die Lohnfortzahlung (i. V. m. § 3 Abs. 1 S. 1 Entgeltfortzahlungsgesetz) oder bei biometrischen Daten zur Sicherung des Betriebsgeländes durch den Scan von Fingerabdruck oder Muster der Augeniris (vgl. *Kühling; Klar; Sackmann*, a. a. O. (Fußn. 10), Rn. 458).

159 LSG Nordrhein-Westfalen v. 23.02.2010 – L 1 AS 36/09 – juris Rn. 33.

der Eingliederung in Arbeit.[160] Die Datenverarbeitung muss aber »erforderlich« sein, um Rechte der sozialen Sicherheit auszuüben oder diesbezüglichen Pflichten nachzukommen (s. Art. 9 Abs. 2 lit. b) EU-DSGVO i. V. m. § 22 Abs. 1 Nr. 1 lit. a) BDSG). Das ist der Fall, wenn entweder der Leistungserbringer eigene Pflichten mit der Verarbeitung erfüllen möchte, beispielsweise im Rahmen der Leistungsabrechnung mit dem Sozialleistungsträger, oder wenn er den Klienten bei der Durchsetzung von dessen Rechten unterstützt, z. B. durch Hilfeleistung in einem Antrags- oder Widerspruchsverfahren.

Freilich ist auf dem Gebiet der »Ausübung sozialrechtlicher Ansprüche« eine Abgrenzung zur zulässigen Datenverarbeitung nach Art. 9 Abs. 2 lit. h) EU-DSGVO (Versorgung oder Behandlung im Gesundheits- und Sozialbereich, s. dazu noch vertiefend unten unter Versorgung und Behandlung) sehr schwierig. Denn in Bezug auf die Verarbeitung von Gesundheitsdaten kommt es zu einer Überschneidung des Anwendungsbereichs von Art. 9 Abs. 2 lit. b) und h) EU-DSGVO, sodass im Ergebnis i. d. R. beide Vorschriften nebeneinander anzuwenden sind.[161]

**Organisation ohne Gewinnerzielungsabsicht:** Eine weitere zulässige Verarbeitung kann nach Art. 9 Abs. 2 lit. d) EU-DSGVO durch »eine politisch, weltanschaulich, religiös oder gewerkschaftlich ausgerichtete Stiftung, Vereinigung oder sonstige Organisation ohne Gewinnerzielungsabsicht« (sog. »*Tendenzbetrieb*«) erfolgen. Dieses insbesondere für kirchliche und weltanschauliche Träger der Sozialen Arbeit in Betracht kommende Privileg[162] erlaubt im Wortlaut aber nur, die Daten von Mitgliedern, ehemaligen Mitgliedern oder Personen zu verarbeiten, die regelmäßige Kontakte zu der Organisation unterhalten (wie z. B. Spender oder Veranstaltungsteilnehmende und nachhaltig Interessierte).[163] Mithin sollte – auch wenn der helfende Auftrag aus Caritas und Diakonie zu ihren »rechtmäßigen Tätigkeiten« im Sinne von Art. 9 Abs. 2 lit. d) EU-DSGVO zählt – dieser Erlaubnistatbestand nicht für die Rechtfertigung der Verarbeitung

160 *Voelzke* (2023) in: Hauck; Noftz: SGB II, § 16a Rn. 29; SG Kassel v. 07.02.2012 – S 12 SO 5/12 ER – juris Rn. 26.

161 So ausdrücklich LAG Düsseldorf v. 11.03.2020 – 12 Sa 186/19 – juris Rn. 151, 153 f. Diese Frage mangels Entscheidungserheblichkeit dagegen offenlassend BSG v. 20.01.2021 – B 1 KR 7/20 R – Rn. 67.

162 S. zur Frage der Anwendbarkeit der EU-DSGVO auf kirchliche Träger siehe auch S. 22 ff.

163 *Albers; Veit* in: Wolff; Brink, a. a. O. (Fußn. 56), Art. 9 DS-GVO Rn. 61; *Frenzel* in: Paal; Pauly, a. a. O. (Fußn. 65), Art. 9 DS-GVO Rn. 34; *Kühling; Klar; Sackmann*, a. a. O. (Fußn. 10), Rn. 463; *Palsherm*, a. a. O. (Fußn. 24), S. 21.

von Daten regelmäßig beratener Klientinnen herangezogen werden, sondern nur für eine Art von »Kontaktpflege« im Zusammenhang mit Veranstaltungseinladungen und der Finanzierung der Einrichtung z. B. über Spenden und Stiftungen.[164]

**Versorgung und Behandlung:** Schließlich ist die Verarbeitung von Daten zulässig für die *Versorgung und Behandlung im Gesundheits- oder Sozialbereich* (Art. 9 Abs. 2 lit. h) EU-DSGVO i. V. m. § 22 Abs. 1 Nr. 1 lit. b) BDSG). Das betrifft zum einen die gesundheitliche Versorgung im engeren Sinne wie z. B. die ärztliche Heilbehandlung oder Psychotherapie. Zum anderen ist wegen der nicht trennscharfen Unterscheidung zwischen dem Gesundheits- und Sozialbereich aber auch Letzterer erfasst. Wenn man denn differenzieren wollte, was Art. 9 Abs. 2 lit. h) EU-DSGVO im Ergebnis aber nicht verlangt, zielte der Gesundheitsbereich auf die Tätigkeiten zur »Sicherstellung der körperlichen und seelischen Gesundheit« ab, wohingegen der Sozialbereich danach strebt, durch »staatliche Regulierung und öffentliche Leistungen soziale Gerechtigkeit und Sicherheit zu verwirklichen«.[165] Weitere Voraussetzung für die Rechtmäßigkeit der Datenverarbeitung ist hier, dass die Daten »von Fachpersonal oder unter dessen Verantwortung verarbeitet werden und dieses Fachpersonal […] dem Berufsgeheimnis unterliegt« (Art. 9 Abs. 3 EU-DSGVO, s. auch § 22 Abs. 1 Nr. 1 lit. b) BDSG). Die genaue Reichweite der von dieser Regelung erfassten Personen ist rechtswissenschaftlich umstritten. Im Wesentlichen dürfte aber zunächst unbestritten sein, dass zu den Trägerinnen eines »Berufsgeheimnisses« die von der strafrechtlichen Schweigepflicht nach § 203 Abs. 1 StGB erfassten Personen zählen, also neben Ärztinnen auch Berufspsychologen, Suchtberaterinnen in einer staatlich anerkannten Suchtberatungsstelle und staatlich anerkannte Sozialarbeiterinnen.[166] Daneben ist auch das Sozialgeheimnis i. S. v. § 35 SGB I – also die von Sozialleistungsträgern verarbeiteten Sozialdaten – als Berufsgeheimnis zu verstehen.[167] Infolgedessen gelten neben den Beschäftigten der Sozialleistungsträger auch solche Personen als Fachpersonal i. S. d. Art. 9 Abs. 3

164 Vgl. *Palsherm*, a. a. O. (Fußn. 24), S. 21 m. w. N.

165 *Weichert* in: Kühling; Buchner, a. a. O. (Fußn. 34), Art. 9 DS-GVO Rn. 114.

166 *Weichert* in: Kühling; Buchner, a. a. O. (Fußn. 34), Art. 9 DS-GVO Rn. 139 f.; zumindest missverständlich dagegen Kühling; *Klar; Sackmann*, a. a. O. (Fußn. 10), Rn. 474, die allein auf § 203 Abs. 1 Nr. 1 StGB referenzieren, also Ärzte, Apotheker und Angehörige anderer Heilberufe mit staatlich geregelter Ausbildung.

167 So *Weichert* in: Kühling; Buchner, a. a. O. (Fußn. 34), Art. 9 DS-GVO Rn. 142.

EU-DSGVO, die weder zu einer der genannten Berufsgruppen gemäß § 203 Abs. 1 StGB zählen noch direkt bei einem Sozialleistungsträger arbeiten, die aber im Rahmen der Leistungserbringung im sozialrechtlichen Leistungsdreieck Sozialdaten von Sozialleistungsträgern erhalten haben. Das betrifft beispielsweise Beschäftigte freier Träger der Wohlfahrtspflege, die aufgrund des sog. verlängerten Sozialdatenschutzes nach § 78 SGB X hier umfasst wären.[168] Wenn also z. B. der Kostenträger der Eingliederungshilfe von ihm erhobene Sozialdaten zum Zwecke der Leistungserbringung an einen Sozialpsychiatrischen Dienst weiterleitet, darf dieser die Daten nach Art. 9 Abs. 2 lit. h) EU-DSGVO verarbeiten, muss dies nach Art. 9 Abs. 3 EU-DSGVO aber mit schweigepflichtigem Fachpersonal tun. Wegen der hohen praktischen Bedeutung – nicht nur im Kontext von Art. 9 Abs. 3 EU-DSGVO – soll daher im nachfolgenden Exkurs die strafrechtliche Schweigepflicht erläutert werden.

**Neben der Einwilligung folgt die Erlaubnis der Verarbeitung für »normale Daten« insbesondere aus der Erforderlichkeit für die Durchführung eines Vertrags, aus der Erfüllung einer rechtlichen Verpflichtung zur Datenverarbeitung, aus der Ausübung öffentlicher Gewalt und aus im Wege der Interessenabwägung überwiegenden berechtigten Interessen. Bei besonders »sensiblen« Daten muss neben der Einwilligung – hier auch als mutmaßliche Einwilligung – vor allem geprüft werden, ob die Verarbeitung zur Ausübung sozialrechtlicher Ansprüche, im Rahmen der Kontaktpflege von Tendenzbetrieben und aus Gründen der individuellen Versorgung und Behandlung im Gesundheits- und Sozialbereich gerechtfertigt ist.**

168 Vgl. dazu ausführlich *Palsherm*, a. a. O. (Fußn. 24), S. 23 f.

EXKURS

## Strafrechtliche Schweigepflicht

Wenn besonders sensible Daten, wie Gesundheitsdaten, verarbeitet werden, sind in Arbeitsstätten der Sozialpsychiatrischen Dienste zwei Aspekte von Bedeutung. Neben der Beachtung der datenschutzrechtlichen Pflichten, die den Verantwortlichen – also die Organisation, vertreten durch die Leitung – betreffen, muss auch die einzelne Mitarbeiterin die Schweigepflicht bewahren (sog. Zwei-Schranken-Prinzip).[169] Es bedarf also neben der sozialrechtlichen Verarbeitungsbefugnis für personenbezogene Daten auch der strafrechtlichen Rechtfertigung bei der Offenbarung eines Sozialgeheimnisses. Wenn jemand keinen strafrechtlichen Rechtfertigungsgrund geltend machen kann, droht ihm strafrechtliche Verfolgung und Bestrafung. Das Strafrecht hat nämlich zum Schutz des besonderen Vertrauensverhältnisses zwischen Klientin/Patientin und Angehörigen bestimmter Berufsgruppen den Bruch der Schweigepflicht als »Verletzung von Privatgeheimnissen« nach § 203 Strafgesetzbuch (StGB) unter Strafe gestellt. Mithin existieren zwei parallele Schutzebenen: der Datenschutz und (berufsbezogene) Geheimhaltungspflichten.[170]

Durch diese Vorschrift droht solchen Menschen eine Strafe, die (1) fremde Geheimnisse, welche ihnen (2) in ihrer Eigenschaft als Träger eines bestimmten, als besonders auf Vertrauen angewiesenen Berufes anvertraut worden sind, (3) unbefugt offenbaren.

(1) Unter die nach dieser Norm fallen allerdings nur »Geheimnisse«. Darunter versteht die Rechtsprechung solche Tatsachen, die dem persönlichen Lebens- und Geheimbereich eines anderen Menschen entstammen und lediglich einem beschränkten Personenkreis bekannt sind sowie an deren Geheimhaltung der Betroffene ein von seinem Standpunkt aus durch sachliche Erwägungen begründetes Interesse hat.[171] Was dagegen allgemein bekannt ist – z. B. vom Betroffenen auf einem öffentlich zugänglichen Social-Media-Kanal gepostet wurde – oder so belanglos ist, dass – auch aus Sicht des Betroffenen – kein verständliches Interesse an der Geheimhaltung besteht, ist kein Geheimnis.[172] Bereits die Tatsache der Behandlung

169 *Weichert* in: Kühling; Buchner, a. a. O. (Fußn. 35), Art. 9 DS-GVO Rn. 146.

170 *Freund; Shagdar,* a. a. O. (Fußn. 23), S. 199.

171 OLG Köln v. 21.08.2009 – 81 Ss 52/09 – NJW 2010, S. 166 f.; *Eisele* (2019) in: Schönke; Schröder, § 203 StGB Rn. 5; *Hundt,* a. a. O. (Fußn. 26), S. 183; *Pehl; Knödler,* a. a. O. (Fußn. 11), S. 84 unter 6.

172 *Pehl; Knödler,* a. a. O. (Fußn. 11), S. 84 unter 6.

einer Patientin oder der Beratung einer Klientin an sich stellt mithin ein solches Geheimnis dar[173]; erst recht unterfallen der Vorschrift damit krankheitsbezogene Informationen wie Therapieansätze und Prognosen sowie die Tatsache eines Leistungsbezugs.

(2) Zu den besonders auf eine Vertrauensbeziehung angewiesenen Berufen zählen unter anderem psychologische Psychotherapeuten (= Angehöriger eines Heilberufs nach § 203 Abs. 1 Nr. 1 StGB) oder auch – nicht als Psychotherapeuten i. S. d. PsychThG tätige – Berufspsychologen mit staatlich anerkannter wissenschaftlicher Ausbildung (§ 203 Abs. 1 Nr. 2 StGB) sowie ferner staatlich anerkannte Sozialarbeiterinnen (§ 203 Abs. 1 Nr. 6 StGB). Darüber hinaus erfasst die Strafvorschrift nach § 203 Abs. 4 S. 1 StGB »mitwirkende Personen«, also unterstützende Kollegen der im Gesetz genannten Berufsgruppen wie z. B. Büro-, Schreib- und Verwaltungskräfte oder interne IT-Fachkräfte, ferner zur Vorbereitung auf einen der oben genannten Berufe Tätige, also etwa Auszubildende oder Praktikanten, und sonstige unmittelbar an der Arbeit der oben genannten Berufe Mitwirkende wie beispielsweise externe Dienstleisterinnen aus den Bereichen IT oder Schreibarbeiten und Rechnungswesen.[174]

Ein durch die Vorschrift geschütztes Geheimnis muss dem Täter überdies »anvertraut oder sonst bekannt geworden« sein. Anvertraut ist das Geheimnis dem Täter in seiner Eigenschaft als Berufsträger, wenn es in der Ausübung des Berufs unter Umständen mitgeteilt wurde, aus denen sich die Anforderung des Geheimhaltens ergibt. Aus der Art der konkreten Tätigkeit folgt dabei, ob es sich um Umstände handelt, die für eine Geheimhaltung sprechen. Wer beispielsweise als Sozialarbeiter in der Bewährungshilfe arbeitet, ist nur schweigepflichtig, wenn ihm eine geheime Tatsache in beratender und helfender Funktion mitgeteilt wurde, nicht aber, wenn ihm ein Geheimnis in Ausübung der Kontroll- und Überwachungsaufgabe der Bewährungshilfe bekannt geworden ist.[175] Sonst bekannt geworden ist etwas, das der Täter nicht durch bewusste Mitteilung, aber im Rahmen seiner beruflichen Tätigkeit erfahren hat.[176] Wenn sich die Klientin beispielsweise in einem vertraulichen Gesprächssetting öffnet

173 Vgl. BGH v. 22.12.1999 – 3 StR 401/99 – MedR 2000, S. 426 f. = juris Rn. 10; OLG Karlsruhe v. 11.08.2006 – 14 U 45/04 – MedR 2007, S. 253 f. = juris Rn. 25 f.; *Hundt*, a. a. O. (Fußn. 26), S. 183 f.; *Pehl; Knödler*, a. a. O. (Fußn. 11), S. 84 unter 6.

174 *Eisele* (2019) in: Schönke; Schröder, § 203 StGB Rn. 97; *Hundt*, a. a. O. (Fußn. 26), S. 181.

175 *Eisele* (2019) in: Schönke; Schröder, § 203 StGB Rn. 13.

176 *Eisele* (2019) in: Schönke; Schröder, § 203 StGB Rn. 13 u. 15.

und Umstände mitteilt, die nur einem sehr beschränkten Personenkreis überhaupt bekannt sind, ist davon auszugehen, dass es sich um ein *anvertrautes* Geheimnis handelt. Auf *sonstige* Weise *bekannt* geworden sind z. B. solche Geheimnisse, die der Berufsträger anlässlich eines Hausbesuchs im Rahmen aufsuchender Hilfen erfahren hat.

(3) Ferner muss der Täter einer Verletzung des Privatgeheimnisses gemäß § 203 StGB das Geheimnis »offenbart« haben. Er muss also ursächlich dafür sein, dass es in irgendeiner Weise an einen anderen gelangt ist.[177] Dies kann nicht nur durch Weitererzählen, sondern auch durch unachtsamen Umgang mit Akten geschehen, wie z. B. Herumliegenlassen in frei zugänglichen Büroräumen, weil dadurch (neugierigen) Dritten eine Möglichkeit zur Kenntnisnahme eröffnet wird.[178]

Kein Offenbaren liegt allerdings vor, wenn man eine Information einem berufsmäßigen Gehilfen wie einem Büromitarbeiter oder einem Berufspraktikanten zugänglich macht (§ 203 Abs. 3 S. 1 StGB). Das Gleiche gilt für die dienstlich gebotene Weiterleitung innerhalb einer Behörde von einer Vorgesetzten an den funktional zuständigen Mitarbeiter.[179]

Schließlich muss diese Weiterleitung »unbefugt« erfolgt sein, d. h., der vom Geheimnis Betroffene hat weder zugestimmt (sog. Schweigepflichtentbindungserklärung) noch gibt es rechtfertigende gesetzliche Gründe dafür.[180] Dabei ist eine Befugnis zur Weiterleitung insbesondere nicht allein deshalb anzunehmen, weil der Nachrichtenempfänger ebenfalls (z. B. als Sozialarbeiter) der Schweigepflicht unterliegt.[181]

Gegenüber der *Arbeitgeberin* und gegenüber *Kollegen*, sogar wenn diese als Sozialarbeiter selbst dem § 203 StGB unterfallen, ist also eine Befugnis erforderlich, um Informationen weiterzugeben.[182] Ganz im Gegenteil stellt es sogar eine Verletzung der Fürsorgepflicht des Arbeitgebers gegenüber Mitarbeiten-

177 OLG Köln v. 21.08.2009 – 81 Ss 52/09 – NJW 2010, S. 166 f.; *Eisele* (2019) in: Schönke; Schröder, § 203 StGB Rn. 20.

178 *Pehl; Knödler*, a. a. O. (Fußn. 11), S. 86 f. unter 6. Mit der Einordnung als einer Garantenstellung zur Verschwiegenheit zuwiderlaufendes Offenbaren durch Unterlassen (des Wegräumens).

179 *Pehl; Knödler*, a. a. O. (Fußn. 11), S. 87 unter 6 mit Bezugnahme auf OLG Frankfurt v. 26.11.1996 – 3 Ws 789/96 – NStZ-RR 1997, 69.

180 *Eisele* (2019) in: Schönke; Schröder, § 203 StGB Rn. 29; *Hundt*, a. a. O. (Fußn. 26), S. 185 u. 188.

181 BayObLG v. 08.11.1994 – 2 St RR 157/94 – NJW 1995, 1623 f. Ähnlich auch BSG zum Verhältnis Kassenärzte zu ebenfalls zur Geheimhaltung verpflichteten Krankenkassen und ihren Mitarbeitenden (BSG v. 22.06.1983 – 6 Rka 10/82 – juris Rn. 14).

182 BAG v. 13.01.1987 – 1 AZR 267/85 – juris Rn. 36; BayObLG v. 08.11.1994 – 2St RR 157/94 – juris Rn. 8 ff. zu der im Rahmen eines Supervisionsgremiums geschehenen Weitergabe der im Vier-Augen-Gespräch erlangten Kenntnis vom Geschlechtsverkehr des Heimleiters mit einer psychisch kranken Bewohnerin; *Papenheim*, a. a. O. (Fußn. 27), S. 13.

den dar, sofern der Arbeitgeber unbefugt auf durch § 203 StGB geschützte Daten zugreift, beispielsweise indem er Akten einsieht oder EDV-Systeme nutzt.[183] Daher kann man von einem Vorrang des Schutzes der Vertrauensbeziehung zwischen Sozialarbeiterin und Klientin gemäß § 203 StGB gegenüber der arbeitsrechtlichen Weisungsgebundenheit der Sozialarbeiterin sprechen, etwa für den Fall, dass der Arbeitgeber Informationen über die geleistete Arbeit verlangt. Denn mit dem Arbeitsvertrag verpflichtet sich die Sozialarbeiterin gegenüber dem Arbeitgeber »nur« zur Arbeitsleistung, sie kann aber nicht über die Persönlichkeitsrechte der Klienten verfügen, die im Laufe der Tätigkeit Geheimnisse offenbaren.[184] Wenn es sich dagegen nicht um Geheimnisse handelt, dürfen solche Daten innerhalb des gleichen Rechtsträgers weitergegeben werden, die für die Arbeit notwendig sind.[185] Beispielsweise darf der in einer Wohneinrichtung für chronisch psychisch Kranke tätige Sozialarbeiter bei Schichtwechsel seine Kollegin über das Verhalten eines Bewohners und weitere relevante Umstände informieren. Hat der Bewohner dagegen z. B. in einem Vier-Augen-Gespräch ein Geheimnis offenbart, etwa über die Tatsache, Opfer eines sexuellen Missbrauchs zu sein, braucht es einen Rechtfertigungsgrund vor der Information der Kollegin (zur Rechtfertigung s. u.). Auch gegenüber *Angehörigen*, der *Vermieterin* oder *Nachbarn* des Klienten bedarf es einer Befugnis zum Weiterleiten von Geheimnissen.[186]

Prinzipiell besteht aufgrund der Schweigepflicht i. S. d. § 203 StGB gegenüber sämtlichen *Behörden* und *Ministerien* sowie bei *Polizei* und *Staatsanwaltschaft* keine besondere Mitteilungspflicht.[187] In Ausnahmefällen ist aber eine Durchbrechung dieses starken Schutzes der Privatsphäre des Klienten möglich. Die Hilfeleistung bei der Strafverfolgung an sich ist jedoch kein Rechtfertigungsgrund für die Verletzung der Schweigepflicht.[188]

Aufgrund *ausdrücklicher gesetzlicher Anordnung* kommt eine Durchbrechung des Geheimnisschutzes insbesondere unter folgenden Bedingungen in Betracht: Aus dem Elterngrundrecht nach Art. 6 Abs. 2 S. 1 GG folgt regelmäßig die Verpflichtung, die Eltern über Beratungsgespräche mit Minderjährigen und deren Inhalte zu informieren; jedenfalls solange durch die Elterninformation

183 BAG v. 13.01.1987 – 1 AZR 267/85 – juris Rn. 36; *Papenheim*, a. a. O. (Fußn. 27), S. 15.
184 *Papenheim*, a. a. O. (Fußn. 27), S. 15.
185 *Papenheim*, a. a. O. (Fußn. 27), S. 13.
186 *Papenheim*, a. a. O. (Fußn. 27), S. 13 u. 16.
187 *Papenheim*, a. a. O. (Fußn. 27), S. 13; *Ulsenheimer* (2019): Spezifische ärztliche Mitteilungsmöglichkeiten, in: Laufs; Kern; Rehborn (Hg.): Handbuch des Arztrechts, § 145 Rn. 24 u. 38.
188 *Ulsenheimer* (2019) in: Laufs; Kern; Rehborn (Hg.), Handbuch des Arztrechts, § 145 Rn. 38.

nicht das Kindeswohl gefährdet wird.[189]

Ferner müssen nach § 32 Abs. 2 *Bundesmeldegesetz* Krankenhäuser, Heime und ähnliche Einrichtungen im Einzelfall auf Nachfrage Polizei und Staatsanwaltschaft zur Abwehr einer erheblichen und gegenwärtigen Gefahr, zur Verfolgung von Straftaten oder zur Aufklärung des Schicksals von Vermissten und Unfallopfern Namen, Geburtsdatum und -ort, Staatsangehörigkeit, Anschrift sowie Datum der Aufnahme und Entlassung von Menschen mitteilen, die in der Einrichtung aufgenommen sind bzw. waren. Mithin müssen im sozialpsychiatrischen Kontext Wohnheime entsprechenden Anfragen nachkommen, weil das Wohnheim der melderechtliche Wohnsitz ist. Dies betrifft jedoch nicht Einrichtungen wie ein Tageszentrum oder eine Werkstatt für behinderte Menschen bzw. den Leistungserbringer des ambulant Betreuten Wohnens. Umstritten ist, inwiefern sozialrechtliche Übermittlungsbefugnisse nach dem SGB X eine Rechtfertigung für einen Geheimnisbruch i. S. v. § 203 StGB bilden können. Überwiegend wird dies aber bejaht, sodass das Bestehen einer Übermittlungsbefugnis nach dem SGB X den Geheimnisbruch strafrechtlich rechtfertigt.[190]

Zusätzlich kommt eine Offenbarung der geschützten Daten aufgrund eines rechtfertigenden *Notstands* nach § 34 StGB in Betracht. Eine solche Befugnis – aber nicht automatisch auch Verpflichtung[191] – ist anzunehmen, wenn

---

189 Vgl. BVerfG v. 09.02.1982 – 1 BvR 845/79 – juris Rn. 81; *Hundt*, a. a. O. (Fußn. 26), S. 188.

190 Für eine Rechtfertigung: *Pehl; Knödler*, a. a. O. (Fußn. 11), S. 115 unter 7.3. So tendenziell wohl auch BSG v. 22.06.1983 – 6 Rka 10/82 – juris Rn. 15 ff. Gegen die Rechtfertigung eines Bruchs der persönlichen Verpflichtung zur Geheimhaltung allein durch die organisationsbezogene Erlaubnis einer Datenübermittlung nach dem SGB X spricht aber das bereits angesprochene Zwei-Schranken-Prinzip, sodass immer ein strafrechtlicher Rechtfertigungsgrund notwendig ist. Würde man nun die datenschutzrechtliche Befugnis nach dem SGB X immer auch als strafrechtlichen Rechtfertigungsgrund ansehen, machte man aus dem Zwei-Schranken-Prinzip im Ergebnis ein Ein-Schranken-Prinzip. Das kann nicht gewollt sein. Auch die eingeschränkte Übermittlungsbefugnis bei besonders schutzwürdigen Sozialdaten nach § 76 SGB X hilft hier i. d. R. nicht weiter. Denn die Vorschrift betrifft die Konstellation, dass ein nach § 203 StGB besonders Verpflichteter – wie z. B. ein Sozialarbeiter – Daten einem Sozialleistungsträger zugänglich gemacht hat, beispielsweise mit Einwilligung des Betroffenen oder aufgrund einer gesetzlichen Mitteilungspflicht, und der Sozialleistungsträger diese Daten nur unter den gleichen Voraussetzungen weiter übermitteln darf wie der ursprüngliche Übermittler.

191 *Papenheim*, a. a. O. (Fußn. 27), S. 14. Ausnahmsweise nahm das OLG Frankfurt eine Verpflichtung zur Durchbrechung der Schweigepflicht bei einem Arzt an, der seine Patientin nicht über die HIV-Infektion ihres Partners informierte, der ebenfalls sein Patient war und seine Erkrankung gegenüber seiner Partnerin strikt geheim halten wollte (OLG Frankfurt v. 05.10.1999 – 8 U 67/99 – juris Rn. 23 und 33). Außerdem kann eine Pflicht zur Durchbrechung der Schweigepflicht aus der Strafbarkeit unterlassener Hilfeleistung nach § 323c StGB folgen, beispielsweise wenn bei einem Hausbesuch der Klient in hilfloser Lage vorgefunden wird, weil er eine Überdosis Rauschmittel konsumiert hat. Dann muss ein Arzt und Krankenwagen gerufen werden, die helfen können, aber nicht die Polizei, welche eine Überprüfung auf strafbares Verhalten durchführen müsste.

eine gegenwärtige Gefahr für ein den Geheimnisschutz wesentlich überwiegendes Rechtsgut besteht und diese Notstandslage nicht anders als durch Verletzung der Schweigepflicht abwendbar ist.[192] Praktisch anerkannt ist als »wesentlich überwiegendes Rechtsgut« – losgelöst vom prinzipiell vorrangigen Verfahren nach § 4 Abs. 1–3 Gesetz zur Kooperation und Information im Kinderschutz (KKG) – die aktive Benachrichtigung der Polizei bei *Kindesmissbrauch und Kindesmisshandlung*, insbesondere wenn Wiederholungsgefahr besteht.[193] Bei psychiatrischen Erkrankungen mit Auswirkung auf die *Verkehrstüchtigkeit* ist eine Meldung an die Straßenverkehrsbehörde zu erwägen, sofern eine Gefahr für Leib und Leben anderer Verkehrsteilnehmer besteht.[194] Allerdings sollte vor einer solchen Meldung versucht werden, den Klienten durch einen Hinweis auf seine Fahruntüchtigkeit und die daraus resultierende Gefährdung anderer Menschen dazu zu bewegen, von sich aus auf den Führerschein oder jedenfalls das Autofahren zu verzichten. Dagegen dürfte es z. B. nicht durch einen Notstand gerechtfertigt sein, die Polizei zu informieren, wenn bei einer Auseinandersetzung unter den Bewohnern einer stationären Einrichtung jemand verletzt worden ist.[195] Das dürfte selbst dann noch gelten, wenn ein Bewohner fortgesetzte Misshandlungen durch einen anderen Bewohner im vertraulichen Gespräch berichtet. Denn grundsätzlich muss der misshandelte Bewohner selbst die Entscheidung treffen, polizeiliche Hilfe in Anspruch zu nehmen. Anderenfalls besteht die Gefahr, dass bei einem Bruch der Schweigepflicht das Opfer dies als Vertrauensbruch versteht und zukünftig keine Beratung mehr in Anspruch nimmt und damit langfristig nicht geschützt werden kann.

Eine durch Strafrecht bewehrte *Anzeigepflicht* strafbarer Handlungen besteht schließlich nur (!) *bei schwersten Straftaten* (s. §§ 138, 139 Abs. 3 S. 2 StGB). Dabei handelt es sich um Sachverhalte, in denen von geplanten Straftaten wie einem Hochverrat, Menschenraub bzw. Menschenhandel zum Zwecke der sexuellen Ausbeutung, Geiselnahme bzw. erpresserischer Menschenraub, aber auch einem Raub, einer räuberischen Erpressung, einem Totschlag bzw. Mord zu einem Zeitpunkt Kenntnis erlangt wird, zu dem die Ausführung

192 *Hundt*, a. a. O. (Fußn. 26), S. 188; *Ulsenheimer* (2019): Offenbarungspflichten und -befugnisse, Rechtfertigungsgründe, in: Laufs; Kern; Rehborn (Hg.): Handbuch des Arztrechts, § 141 Rn. 16.

193 *Ulsenheimer* (2019): Spezifische ärztliche Mitteilungsmöglichkeiten, in: Laufs; Kern; Rehborn (Hg.): Handbuch des Arztrechts, § 145 Rn. 64 f.

194 *Knauer; Brose* (2022) in: Spickhoff (Hg.): Medizinrecht, §§ 203–205 StGB Rn. 42; *Ulsenheimer* (2019): Offenbarungspflichten und -befugnisse, Rechtfertigungsgründe, in: Laufs; Kern; Rehborn (Hg.): Handbuch des Arztrechts, § 141 Rn. 16.

195 *Papenheim*, a. a. O. (Fußn. 27), S. 14.

bzw. der Taterfolg noch abgewendet werden können. Die Vorschrift erfasst also die im Alltag üblicheren Delikte wie Diebstahl, Betrug, Körperverletzung oder Misshandlung von Schutzbefohlenen nicht.[196] Außerdem gibt es, nachdem eine Straftat begangen wurde, keine allgemeine Pflicht von Sozialarbeitern zur Anzeige selbst schwerster Straftaten.[197] Dies wäre beispielsweise bei der Arbeit mit Suchtmittelabhängigen, die beschaffungskriminell aktiv sind, auch nicht gerade der Beziehungsarbeit förderlich.

**Es bleibt festzuhalten, dass die besonderen Berufsträger nach § 203 StGB vor einer Datenweitergabe sehr genau prüfen sollten, ob sie dazu befugt sind. Im Zweifel sollte man auf eine »spontane« Datenweitergabe eher verzichten und die Angelegenheit in Ruhe prüfen, da individuelle Strafbarkeit droht.**

### 1.4.4 Verarbeitung im Auftrag des Verantwortlichen

**Art. 28 EU-DSGVO**

Für die hohen Anforderungen moderner Technik braucht man häufig die Arbeit von Expertinnen. Da nicht jedes Unternehmen entsprechende Fachleute selbst beschäftigen kann, besteht ein praktisches Bedürfnis nach sog. Auftragsverarbeitung, also der Verarbeitung von Daten im Auftrag des Verantwortlichen durch Externe. Freilich bedarf es jeweils der Entscheidung der Leitung des Einrichtungsträgers, ob und ggf. wie man Auftragsverarbeitung im Unternehmen durchführt. Die EU-DSGVO definiert den *Auftragsverarbeiter* als »eine natürliche oder juristische Person, Behörde, Einrichtung oder andere Stelle, die personenbezogene Daten im Auftrag des Verantwortlichen verarbeitet« (Art. 4 Nr. 8 EU-DSGVO; s. dazu auch

196 *Papenheim*, a. a. O. (Fußn. 27), S. 14.
197 *Papenheim*, a. a. O. (Fußn. 27), S. 14.

S. 41). Dies wird durch Art. 29 EU-DSGVO dahingehend konkretisiert, dass die Daten durch Auftragsverarbeiter »ausschließlich auf Weisung des Verantwortlichen verarbeite[t]« werden dürfen. Letztlich erfordert Auftragsverarbeitung damit Folgendes: Der Auftragsverarbeiter handelt nicht aus eigenem Antrieb, sondern immer im Rahmen des vom Verantwortlichen vorgegebenen Rahmens.[198] Der »Herr der Daten« verbleibt der Auftraggeber als der datenschutzrechtlich »Verantwortliche«.[199] Der Auftragsverarbeiter, der anders als Mitarbeitende nicht dem organisatorischen Bereich des Verantwortlichen zuzurechnen ist, ist allerdings in die arbeitsteilig organisierte Datenverarbeitung unter Führung des Verantwortlichen eingebunden. Er entscheidet selbst nicht über Zwecke und Mittel der Verarbeitung, sondern ist eine Art »verlängerter Arm« des Verantwortlichen.[200] Infolgedessen ist für Auftragsverarbeitung auch nicht erforderlich, dass die rechtlichen Voraussetzungen für eine Datenübermittlung (an den Auftragsverarbeiter) gegeben sind, wenn er im Rahmen seines Tuns die Daten des Verantwortlichen zur Kenntnis nimmt.[201] Der Auftragsverarbeiter ist gleichsam dadurch privilegiert, dass er die fremden Daten zur Kenntnis nehmen darf, ohne dass eine gesetzliche Übermittlungsbefugnis gegeben sein muss. Auftragsverarbeitung findet damit beispielsweise statt bei der Nutzung der Dienste eines fremden Rechenzentrums, von Datenerfassungs-, Datenarchivierungs- oder Datenvernichtungsdiensten und nach überwiegender Auffassung auch bei der Nutzung von Cloud-Diensten und Server-Systemen.[202]

Wenn die Tätigkeit eines Beauftragten dagegen über die (vorwiegend technische) Unterstützungsleistung hinausreicht, dann kann man nicht mehr von Auftragsverarbeitung sprechen und man benötigt für die Datenweiterleitung an den (damit) »Dritten« einen Erlaubnistatbestand (s. dazu S. 43 ff.). Deutliche Anhaltspunkte für eine solche über die Hilfs- und Unterstützungstätigkeit hinausreichende Befugnisse sind z. B. eigene Entscheidungsbefugnisse über die Zwecke und Mittel einer Datenverarbeitung,

198 *Martini* in: Paal; Pauly, a. a. O. (Fußn. 66), Art. 29 DS-GVO Rn. 11.

199 *Martini* in: Paal; Pauly, a. a. O. (Fußn. 66), Art. 29 DS-GVO Rn. 13.

200 *Martini* in: Paal; Pauly, a. a. O. (Fußn. 66), Art. 29 DS-GVO Rn. 13; *Palsherm* in: juris PK-SGB X, Stand: 01.10.2020, § 80 SGB X Rn. 14.

201 Vgl. vertiefend zu der Frage, ob es für die Offenlegung von Daten gegenüber dem Auftragsverarbeiter einen Erlaubnistatbestand braucht, mit überzeugender Ablehnung dieser zum »neuen« Recht der EU-DSGVO teilweise vertretenen Auffassung: *Kühling; Klar; Sackmann*, a. a. O. (Fußn. 10), Rn. 558 f.

202 *Palsherm* in: juris PK-SGB X, Stand: 01.10.2020, § 80 SGB X Rn. 16 m. w. N.

fehlende Weisungsbefugnisse gegenüber dem vermeintlichen »Auftragsverarbeiter« oder dessen freiberufliche Stellung. Damit ist z. B. die Tätigkeit von beauftragten Rechtsanwältinnen oder Steuerberatern[203] nicht (mehr) als Auftragsverarbeitung zu bewerten.[204] Wenn der Träger einer sozialpsychiatrischen Einrichtung also nicht zu den »ganz Großen« zählt und keine eigene Rechts- oder Finanzabteilung hat, muss er den im Einzelfall notwendigen (steuer-)rechtlichen Sachverstand extern beschaffen. Das ist dann aber keine Auftragsverarbeitung mehr und verlangt nach einer datenschutzrechtlichen Übermittlungsbefugnis (s. dazu vertiefend S. 43 ff.).

Für die Rechtmäßigkeit einer Auftragsverarbeitung normiert Art. 28 EU-DSGVO verschiedene *Bedingungen,* um der mit ihr immanent verbundenen Gefahr entgegenzuwirken, dass die Daten des Betroffenen nicht hinreichend geschützt werden:[205]

- Pflicht zur Auswahl eines solchen Auftragsverarbeiters, der hinreichende Garantien für technisch-organisatorische Maßnahmen zur EU-DSGVO-konformen Auftragsverarbeitung bietet (Art. 28 Abs. 1 EU-DSGVO; vgl. zur Datensicherheit S. 32). Maßstab der Beurteilung »hinreichender Garantien« sind insbesondere das Fachwissen, die Zuverlässigkeit und die Ressourcen des Auftragsverarbeiters (s. Erwägungsgrund 81 Satz 1 EU-DSGVO).[206] Von einer entsprechenden Garantie darf man ausgehen, wenn der Auftragsverarbeiter genehmigte Verhaltensregeln nach Art. 40 EU-DSGVO beachtet oder ein datenschutzspezifisches Zertifizierungsverfahren nach Art. 42 EU-DSGVO erfolgreich absolviert hat (Art. 28 Abs. 5 EU-DSGVO).[207]
- Es bedarf ferner einer (insbesondere vertraglichen) Grundlage der Auftragsverarbeitung, die schriftlich (auch elektronisch) abgefasst sein muss (s. Art. 28 Abs. 9 EU-DSGVO). Vorgaben dafür macht Art. 28 Abs. 3 EU-DSGVO. Es muss aber kein individuell ausgehandelter Vertrag sein. Praktikabel ist hier, ein von der EU-Kommission oder einer nationalen Aufsichtsbehörde gebilligtes Vertragsmuster mit Standardvertragsklauseln zu verwenden (s. Art. 28 Abs. 6–8 EU-DSGVO). Die

---

203 Das gilt auch für die Einbeziehung von Steuerberaterinnen bei der Personalabrechnung.

204 *Hartung* in: Kühling; Buchner, a. a. O. (Fußn. 35), Art. 28 DS-GVO Rn. 50, allerdings mit der ausnahmsweisen Einordnung von Steuerberatern als Auftragsverarbeiter bei »klar umrissenen« Tätigkeiten wie Buchprüfung; *Palsherm* in: juris PK-SGB X, Stand: 01.10.2020, § 80 SGB X Rn. 16.

205 *Palsherm* in: juris PK-SGB X, Stand: 01.10.2020, § 80 SGB X Rn. 21.

206 *Hartung* in: Kühling; Buchner, a. a. O. (Fußn. 35), Art. 28 DS-GVO Rn. 56; *Palsherm* in: juris PK-SGB X, Stand: 01.10.2020, § 80 SGB X Rn. 22.

207 *Palsherm* in: juris PK-SGB X, Stand: 01.10.2020, § 80 SGB X Rn. 22.

Landesdatenschutzbeauftragten stellen eine Formulierungshilfe für einen Auftragsverarbeitungsvertrag zur Verfügung, erhältlich z. B. unter https://www.lda.bayern.de/media/muster/formulierungshilfe_av.pdf (04.07.2023).

- Die Einschaltung eines weiteren Auftragsverarbeiters durch den Auftragsverarbeiter – gleichsam eines Subunternehmers – ist durch Art. 28 Abs. 2 und 4 EU-DSGVO sehr beschränkt. Insbesondere braucht es eine vorherige schriftliche Genehmigung des Verantwortlichen (Art. 28 Abs. 2 S. 1 EU-DSGVO).
- Dem datenschutzrechtlich Verantwortlichen stehen Überprüfungsrechte zu, ob der Auftragsverarbeiter die Verpflichtungen des Art. 28 EU-DSGVO einhält. Dazu kann er selbst oder ein von ihm Beauftragter, auch ohne Vorankündigung, Inspektionen vor Ort durchführen (Art. 28 Abs. 3 lit. h) EU-DSGVO).[208]

**Der datenschutzrechtlich Verantwortliche darf als »Herr der Daten« einen weisungsabhängigen Auftragsverarbeiter einsetzen, welcher ihn in der Art eines »verlängerten Arms« ohne eigene Entscheidungsbefugnis über Zwecke und Mittel der Datenverarbeitung unterstützt. Die Zulässigkeit der Auftragsverarbeitung erfordert allerdings eine schriftliche (vor allem vertragliche) Grundlage, die unter anderem die Datensicherheit beim Auftragsverarbeiter garantiert. Dem Verantwortlichen steht das Recht zur Überprüfung der gesetzlichen Anforderungen beim Auftragsverarbeiter (auch vor Ort) zu. Dieser darf nicht ohne Weiteres weitere (Sub-)Auftragsverarbeiter einsetzen.**

### **1.4.5** Rechte der betroffenen Person

 **Art. 12–23 EU-DSGVO**

Aus Sicht des EU-Verordnungsgebers setzt eine faire und transparente Datenverarbeitung (s. dazu S. 27) voraus, dass die Betroffenen über den

208 *Hartung* in: Kühling; Buchner, a. a. O. (Fußn. 35), Art. 28 DS-GVO Rn. 78.

Datenverarbeitungsvorgang und dessen intendierte Zwecke unterrichtet sind (Erwägungsgrund 60 Satz 1 EU-DSGVO). Damit sie die Rechtmäßigkeit der Datenverarbeitung prüfen und gegen unrechtmäßige Vorgänge vorgehen können, weist die EU-DSGVO ihnen verschiedene Rechte zu.[209] Diese ergeben sich aus dem dritten Kapitel mit seinen fünf Abschnitten der EU-DSGVO (Art. 12–23) und werden ergänzt durch die Melde- und Benachrichtigungspflichten gemäß Art. 33 f. EU-DSGVO (dazu im nächsten Abschnitt 1.4.7). Aus nebenstehender Abbildung 6 lässt sich die Struktur der Regelung der sog. *Betroffenenrechte* erschließen; zugleich wird ein erster Überblick über die Rechte Betroffener gegeben.

① Verpflichtung des Verantwortlichen, **»geeignete Maßnahmen«** zu **treffen**, um alle Informationen und Mitteilungen nach Art. 13–22 EU-DSGVO präzise, transparent, verständlich und leicht zugänglich sowie unentgeltlich zu geben (Art. 12 Abs. 1 und 5 EU-DSGVO)

Die datenschutzrechtlich Verantwortliche muss dafür Sorge tragen, dass die Betroffenen »in präziser, transparenter, verständlicher und leicht zugänglicher Form in einer klaren und einfachen Sprache« über die Datenverarbeitung informiert werden und dass sie ihre Betroffenenrechte erleichtert ausüben können (Art. 12 Abs. 1 und 2 EU-DSGVO). Die Informationen können dazu in Kombination mit standardisierten Bildsymbolen (sog. Privacy Icons) zur Verfügung gestellt werden, um einen aussagekräftigen Überblick über die beabsichtigte Verarbeitung zu vermitteln (Art. 12 Abs. 7 EU-DSGVO). Mit den Bildsymbolen soll ein Gegengewicht zu den teilweise als sehr lang und unübersichtlich empfundenen Datenschutzerklärungen geschaffen und dadurch dem Problem der Informationsüberlastung vorgebeugt werden.[210] Die mit der Entwicklung solcher standardisierter Privacy Icons betraute EU-Kommission (s. Art. 12 Abs. 7 und 8 EU-DSGVO) hat bis dato jedoch noch kein Arbeitsergebnis erzielt.[211]

**209** *Krahmer; Palsherm,* a. a. O. (Fußn. 5), S. 610 m. w. N.
**210** *Paal; Hennemann* in: Paal; Pauly, a. a. O. (Fußn. 66), Art. 12 DS-GVO Rn. 77.
**211** *Quaas* in: Wolff; Brink, a. a. O. (Fußn. 57), Art. 12 DSGVO Rn. 55.

**Abbildung 6 Betroffenenrechte** (Art. 12–23 EU-DSGVO)

① Verpflichtung des Verantwortlichen, **»geeignete Maßnahmen« zu treffen**, um alle Informationen und Mitteilungen nach Art. 13–22 EU-DSGVO präzise, transparent, verständlich und leicht zugänglich sowie unentgeltlich zu geben (Art. 12 Abs. 1 und 5 EU-DSGVO)

② **Informationspflicht** bei Datenerhebung (Art. 13, 14 EU-DSGVO)

**Auskunftsrecht**, ob und welche Daten zu welchem Zweck verarbeitet werden (Art. 15 EU-DSGVO)

③ Recht auf **Berichtigung** unrichtiger Daten (Art. 16 EU-DSGVO)

Recht auf **Löschung** sog. »Recht auf Vergessenwerden« (Art. 17 EU-DSGVO)

Recht auf **Einschränkung** der Verarbeitung (Art. 18 EU-DSGVO)

**Mitteilungspflicht**, im Zusammenhang mit Berichtigung/Löschung/Einschränkung gegenüber Empfängern von Daten (Art. 19 EU-DSGVO)

Rechte der **Berichtigung** (Art. 20 EU-DSGVO)

④ **Widerspruchsrecht** (Art. 21 EU-DSGVO)

Recht, nicht einer ausschließlich auf einer **automatisierten Verarbeitung** – einschließlich Profiling – beruhenden Entscheidung unterworfen zu sein (Art. 22 EU-DSGVO)

⑤ Recht, nicht einer ausschließlich auf einer **automatisierten Verarbeitung** – einschließlich Profiling – beruhenden Entscheidung unterworfen zu sein (Art. 22 EU-DSGVO)

| | |
|---|---|
| ② **Informationspflicht** bei Datenerhebung (Art. 13, 14 EU-DSGVO) | **Auskunftsrecht**, ob und welche Daten zu welchem Zweck verarbeitet werden (Art. 15 EU-DSGVO) |

Im Hinblick auf die konkreten *Informationspflichten* des Verantwortlichen ist zu differenzieren zwischen der Direkterhebung der Daten bei der betroffenen Person selbst (Art. 13 EU-DSGVO) und der Dritterhebung bei anderen (Art. 14 EU-DSGVO). Die Inhalte der dann jeweils zu übermittelnden Informationen listet die EU-DSGVO auf (s. Art. 13 Abs. 1 und 2 bzw. Art. 14 Abs. 1 und 2 EU-DSGVO). Wesentlicher Unterschied ist, dass im Falle der Dritterhebung dem Betroffenen auch die Information gegeben wird, aus welcher Quelle die Daten stammen (Art. 14 Abs. 2 lit. f) EU-DSGVO). Die Informationspflicht entfällt, soweit der Betroffene die in Art. 13 Abs. 1–3 bzw. Art. 14 Abs. 1–4 EU-DSGVO genannten Informationen bereits hat (Art. 13 Abs. 4 und Art. 14 Abs. 5 lit. a) EU-DSGVO i. V. m. Erwägungsgrund 62).[212] Dadurch soll eine überflüssige Information vermieden werden, die nicht zur Steigerung von Transparenz beiträgt und für den Betroffenen eher eine Belastung wäre.[213]

Das *Auskunftsrecht* setzt dagegen ein entsprechendes »Verlangen« der Betroffenen voraus (s. Art. 15 Abs. 1 EU-DSGVO).[214] Um einer missbräuchlichen Verwendung des Auskunftsrechts durch Dritte entgegenzuwirken, empfiehlt sich große Sorgfalt bei der Prüfung, ob der Auskunftverlangende tatsächlich derjenige ist, der er vorgibt zu sein (s. Erwägungsgrund 64 Satz 1 EU-DSGVO). Im Zweifel muss er seine Identität nachweisen, nötigenfalls indem er persönlich erscheint und seinen Personalausweis vorzeigt.

212 Eine (noch weitergehende) Einschränkung der Informationspflicht besteht bei Sozialleistungsträgern, insbesondere wenn Betroffene mit der Übermittlung an eine bestimmte Kategorie von Empfängern rechnen mussten (s. § 82 Abs. 1 Nr. 1 SGB X), wenn die Erteilung der Information die Aufgabenerfüllung des Leistungsträgers gefährden würde wie oftmals in Kinderschutzangelegenheiten (§ 82 Abs. 2 Nr. 1 SGB X bzw. § 82a Abs. 1 Nr. 1 lit. a) SGB X), wenn die Information die öffentliche Sicherheit gefährden würde (§ 82 Abs. 2 Nr. 2 SGB X bzw. § 82a Abs. 1 lit. b) SGB X) oder wenn bestimmte Sicherheitsorgane der Information über die Weiterleitung an sie nicht zustimmen, z. B. aufgrund laufender Ermittlungsverfahren (s. § 82 Abs. 5 SGB X). Schließlich sehen auch die §§ 32, 33 BDSG Einschränkungen der Informationspflicht vor. Auch hier sind insbesondere Belange der öffentlichen Sicherheit normiert.

213 So ausdrücklich *Schmidt-Wudy* in: Wolff; Brink, a. a. O. (Fußn. 57), Art. 14 DSGVO Rn. 96.

214 In Bezug auf das Auskunftsrecht gibt es wiederum Ausnahmen, welche insbesondere auf Erwägungen der öffentlichen Sicherheit fußen (s. § 34 BDSG).

Das Auskunftsrecht der Betroffenen erstreckt sich zunächst darauf, ob überhaupt Daten über sie verarbeitet werden (Art. 15 Abs. 1 EU-DSGVO).[215] Ebenfalls muss der Verantwortliche antworten, wenn er keine Daten über die Betroffene gespeichert hat. Wenn allerdings Daten vorhanden sind, dann ist nach Art. 15 Abs. 1 lit. a) bis h) EU-DSGVO auch Auskunft zu geben, welche Daten dies konkret sind, (a) welche Verarbeitungszwecke bestehen, (b) welche Kategorien von Daten wie z. B. Name, Anschrift, Einkommen etc. verarbeitet werden, (c) welchen Empfängern gegenüber Daten offengelegt worden sind[216], (d) welche Speicherdauer geplant ist bzw. nach welchen Kriterien darüber entschieden wird, (e) dass ein Recht auf Berichtigung oder Löschung bzw. Einschränkung der Verarbeitung sowie (f) ein Beschwerderecht bei der Aufsichtsbehörde besteht[217], (g) bei Dritterhebung über die Herkunft der Daten und schließlich (h) beim Bestehen einer automatisierten Entscheidungsfindung einschließlich Profiling[218] über aussagekräftige Informationen zur involvierten Logik. Die betroffene Person hat zudem ein Anrecht auf eine kostenlose Kopie der Daten (Art. 15 Abs. 3 S. 1 und 2 EU-DSGVO).[219] Das meint jegliche Form einer Verkörperung der Daten, also neben einer klassischen Fotokopie auch ein elektronisches oder optisches Speichermedium.[220] Gerade im Kontext sozialpsychiatrischer Arbeit spielt der dem Auskunftsrecht vergleichbare Anspruch auf Einsichtnahme in die Patientenakte (§ 630g BGB) zuweilen eine Rolle. Beide Rechte bestehen parallel zueinander.[221] Jedoch müssen nach § 630g Abs. 2 S. 2 BGB die Kosten einer Kopie der Patientenakte erstattet werden, wobei i. d. R. bis zu fünfzig Cent pro Seite verlangt und gerichtlich akzeptiert werden.[222] Aus Patientensicht empfiehlt sich daher zur Vermeidung der Kostenfolge, sein Einsichtnahmeverlangen auf das Recht auf eine kostenlose erste Kopie der verarbeiteten Daten

215 Zur Einschränkung des Auskunftsrechts gegenüber Sozialleistungsträgern als datenschutzrechtlich Verantwortlichen vgl. § 83 SGB X. Diese Beschränkung der Betroffenenrechte ist zum Schutz der Sozialleistungsträger vor unverhältnismäßiger Inanspruchnahme gemäß Art. 23 Abs. 1 lit. e) gerechtfertigt (*Krahmer; Palsherm*, a. a. O. (Fußn. 5), S. 610 m. w. N.).

216 Dabei ist auf Anfrage des Betroffenen die konkrete Identität der Empfänger mitzuteilen, es sei denn, der Empfänger kann noch nicht identifiziert werden oder der Antrag ist offenkundig unbegründet oder exzessiv (EuGH v. 12.01.2023 – Rs. C-154/21).

217 S. Art. 77 EU-DSGVO.

218 Vgl. Erwägungsgrund 71 Satz 2 EU-DSGVO.

219 *Krahmer; Palsherm*, a. a. O. (Fußn. 5), S. 610 m. w. N.

220 *Kühling; Klar; Sackmann*, a. a. O. (Fußn. 10), Rn. 637.

221 Vgl. LG Dresden v. 29.05.2020 – 6 O 76/20 – juris Rn. 11.

222 *Maus* (2020): Kostenerstattung bei Einsichtnahme in die Patientenakte nach der DSGVO? Anmerkung zu LG Dresden v. 29.05.2020 – 6 O 76/20 in: jurisPR-MedizinR 11, Anm. 1 unter A.

nach Art. 15 Abs. 3 EU-DSGVO zu stützen (s. auch Erwägungsgrund 63 Satz 2 EU-DSGVO).[223]

③

| Recht auf **Berichtigung** unrichtiger Daten (Art. 16 EU-DSGVO) | Recht auf **Löschung** sog. »Recht auf Vergessenwerden« (Art. 17 EU-DSGVO) | Recht auf **Einschränkung** der Verarbeitung (Art. 18 EU-DSGVO) | **Mitteilungspflicht**, im Zusammenhang mit Berichtigung/ Löschung/ Einschränkung gegenüber Empfängern von Daten (Art. 19 EU-DSGVO) |
|---|---|---|---|
| Rechte der **Berichtigung** (Art. 20 EU-DSGVO) | | | |

Da ein wesentlicher Grundsatz der Datenverarbeitung die Richtigkeit der Daten ist (s. Art. 5 Abs. 1 lit. d) EU-DSGVO, dazu bereits oben, S. 29), hat der Betroffene bei falschen bzw. unvollständigen Daten ein *Recht auf Berichtigung* (Art. 16 EU-DSGVO) und ein *Recht auf Löschung* (Art. 17 EU-DSGVO, sog. »Recht auf Vergessenwerden«) sowie (ergänzend) ein *Recht auf Einschränkung der Verarbeitung* (Art. 18 EU-DSGVO). Die zuständige Aufsichtsbehörde (vgl. dazu noch S. 81) kann diese Maßnahmen auch anordnen (s. Art. 58 Abs. 2 lit. g) EU-DSGVO). Somit sind unrichtige personenbezogene Daten – auf Verlangen der Betroffenen und auch aus eigenem Antrieb des Verantwortlichen – unverzüglich zu berichtigen (Art. 16 S. 1 EU-DSGVO) und unter Berücksichtigung der Zwecke der Verarbeitung unvollständige Daten zu vervollständigen (Art. 16 S. 2 EU-DSGVO). Unrichtig können nur inhaltlich falsche Tatsachen sein, wofür der Betroffene nach allgemeinen Regeln die Beweislast trägt.[224] Generell erfolgt die Berichtigung durch Änderung in Übereinstimmung mit der Wirklichkeit und die Vervollständigung durch Ergänzung der fehlenden Daten. Darüber hinaus können beide Korrekturen im Einzelfall auch durch Löschung, Fortschreibung, Bezugnahme auf weitere Daten oder Abgabe von Zusätzen erfolgen.[225]

---

223 Vgl. LG Dresden v. 29.05.2020 – 6 O 76/20 – juris Rn. 12 u. 19 mit zustimmender Anmerkung von *Maus* (2020) in: jurisPR-MedizinR 11, Anm. 1 unter C.

224 *Kühling; Klar; Sackmann,* a. a. O. (Fußn. 10), Rn. 647; *Paal* in: Paal; Pauly, a. a. O. (Fußn. 66), Art. 16 DS-GVO Rn. 15.

225 *Worms* in: Wolff; Brink, a. a. O. (Fußn. 57), Art. 16 DSGVO Rn. 61 f.

Die *Löschung von Daten* muss auf Verlangen des Betroffenen, aber ggf. auch aus eigenem Antrieb des Verantwortlichen erfolgen, denn der Grundsatz der Datenminimierung (Art. 5 Abs. 1 lit. c) EU-DSGVO, dazu vertiefend S. 29) und der Grundsatz der Speicherbegrenzung (Art. 5 Abs. 1 lit. e) EU-DSGVO i. V. m. Erwägungsgrund 39 Satz 8, dazu vertiefend S. 30 f.) halten ihn dazu an.[226] Die Datenschutz-Grundverordnung normiert folgende alternative Voraussetzungen, unter denen eine Löschung durchgeführt werden muss: Wenn die Daten entweder (a) für den intendierten Zweck nicht mehr notwendig sind, (b) eine Einwilligung zur Verarbeitung widerrufen wurde und kein anderer Erlaubnistatbestand existiert, (c) der Betroffene einen Widerspruch nach Art. 21 Abs. 1 EU-DSGVO gegen eine auf Art. 6 Abs. 1 lit. e) oder f) EU-DSGVO gestützte Verarbeitung[227] eingelegt hat und es keine vorrangigen berechtigten Gründe für die Verarbeitung gibt, (d) personenbezogene Daten unrechtmäßig, d. h. ohne einen wirksamen Erlaubnistatbestand, verarbeitet wurden, (e) eine (anderweitige) rechtliche Verpflichtung des Verantwortlichen die Löschung verlangt oder (f) aus Gründen des Schutzes von Minderjährigen, die sich der Risiken und Folgen der Datennutzung häufig weniger bewusst sind (vgl. Erwägungsgrund 38 Satz 1 EU-DSGVO), wenn die Daten durch an Kinder und Jugendliche gerichtete Dienstleistungen erhoben worden sind, sog. Dienste der Informationsgesellschaft[228] (Art. 17 Abs. 1 EU-DSGVO).[229] Für die Praxis empfiehlt sich daher eine regelmäßige Routine der Überprüfung der verarbeiteten Daten – insbesondere auch im Hinblick auf die obige Auflistung von Löschungsbedingungen – und erforderlichenfalls dann die Löschung (s. auch Erwägungsgrund 39 Satz 10 EU-DSGVO).[230]

Schließlich sieht die EU-DSGVO das Recht auf *Einschränkung der Verarbeitung* vor (Art. 18 EU-DSGVO). Das bedeutet, dass der Verantwortliche die Daten prinzipiell erst einmal nur gespeichert halten darf und für andere Verarbeitungsvorgänge entweder eine Einwilligung des Betroffenen braucht

226 *Krahmer; Palsherm,* a. a. O. (Fußn. 5), S. 610 m. w. N.

227 Das ist eine Verarbeitung für die Wahrnehmung einer Aufgabe im öffentlichen Interesse oder in Ausübung öffentlicher Gewalt sowie die Verarbeitung zur Wahrung berechtigter Interessen des Verantwortlichen.

228 Ein Beispiel dafür wäre ein an Kinder und Jugendliche adressiertes Gesundheitsmonitoring mit Gesundheits-Apps und Smartwatches, beispielsweise im Hinblick auf die Ziele einer gesteigerten Bewegung und gesünderen Ernährung.

229 Vgl. für Sozialleistungsträger zur Ersetzung des Rechts auf Löschung durch die Einschränkung der Verarbeitung bei unverhältnismäßig hohen Aufwänden und nur geringem Interesse des Betroffenen an der Löschung: § 84 Abs. 1 SGB X.

230 *Krahmer; Palsherm,* a. a. O. (Fußn. 5), S. 610.

oder sich auf die Erlaubnisgründe der Geltendmachung, Ausübung oder Verteidigung von Rechtsansprüchen oder des Schutzes der Rechte einer anderen Person oder auf Gründe eines wichtigen öffentlichen Interesses berufen können muss (Art. 18 Abs. 2 EU-DSGVO). Die Einschränkung der Verarbeitung setzt voraus, dass entweder (a) die Richtigkeit der Daten von der Betroffenen bestritten wird, (b) bei unrechtmäßiger Verarbeitung die Betroffene eine Löschung ablehnt und die Einschränkung der Nutzung verlangt, (c) der Verantwortliche die Daten nicht mehr, aber die Betroffene sie zur Geltendmachung, Ausübung oder Verteidigung von Rechtsansprüchen benötigt oder (d) die Betroffene Widerspruch gegen die Verarbeitung nach Art. 21 Abs. 1 EU-DSGVO eingelegt hat und noch keine überwiegenden berechtigten Gründe des Verantwortlichen zur Verarbeitung feststehen (Art. 18 Abs. 1 EU-DSGVO).[231]

Das *Recht auf Datenübertragbarkeit* (sog. Daten-Portabilität) beinhaltet, dass vom Betroffenen selbst bereitgestellte Daten auf seinen Wunsch in einem gängigen und maschinenlesbaren Format entweder ihm überlassen oder bei technischer Machbarkeit an einen anderen Verantwortlichen übermittelt werden (Art. 20 Abs. 1 und 2 EU-DSGVO). Dies soll sowohl eine bessere eigene Datenkontrolle ermöglichen (s. Erwägungsgrund 68 Satz 1 EU-DSGVO) als auch einen Wechsel zu einem anderen Anbieter von Leistungen als neuem Verantwortlichen erleichtern.[232]

| | | |
|---|---|---|
| ④ | **Widerspruchsrecht** (Art. 21 EU-DSGVO) | Recht, nicht einer ausschließlich auf einer **automatisierten Verarbeitung** – einschließlich Profiling – beruhenden Entscheidung unterworfen zu sein (Art. 22 EU-DSGVO) |

Erfolgt die Datenverarbeitung aufgrund der Erlaubnistatbestände der Wahrnehmung einer Aufgabe im öffentlichen Interesse bzw. in Ausübung öffentlicher Gewalt (Art. 6 Abs. 1 lit. e) EU-DSGVO; dazu bereits oben, S. 58 f.) oder zur Wahrung überwiegender berechtigter Interessen des Verantwortlichen (Art. 6 Abs. 1 lit. f) EU-DSGVO; dazu bereits oben, S. 59 f.),

231 Als weitere Kategorie für eine Einschränkung der Verarbeitung anstatt einer Löschung sieht § 84 Abs. 3 SGB X für Sozialleistungsträger vor, dass Grund zu der Annahme besteht, dass die Löschung schutzwürdige Interessen der betroffenen Person beeinträchtigt.

232 *Paal* in: Paal; Pauly, a. a. O. (Fußn. 66), Art. 20 DS-GVO Rn. 4.

so kann die Betroffene dagegen *Widerspruch* einlegen. Dann darf der Verantwortliche die Daten nur weiterverarbeiten, wenn er zwingende schutzwürdige Gründe für die Verarbeitung nachweisen kann (Art. 21 Abs. 1 EU-DSGVO).[233]

Schließlich haben Betroffene unbeschadet weiterer Rechtsbehelfe das *Recht auf Beschwerde* bei der zuständigen Aufsichtsbehörde (Art. 77 EU-DSGVO). Die Aufsichtsbehörde wird die Beschwerdeführer innerhalb eines angemessenen Zeitraums über den Fortgang und die Ergebnisse der Beschwerde unterrichten (Erwägungsgrund 141 Satz 3 EU-DSGVO). Geht es bei der Beschwerde um die Verarbeitung von Sozialdaten durch Leistungsträger, so ist für bundesweit tätige Sozialleistungsträger – wie z. B. die Techniker Krankenkasse oder die Deutsche Rentenversicherung Bund –, der Bundesbeauftragte für den Datenschutz und die Informationsfreiheit und für (lediglich) auf Landesebene tätige Leistungsträger – wie z. B. die AOK Bayern, die Deutsche Rentenversicherung Nordbayern oder die landesrechtlich bestimmten Träger der Eingliederungshilfe[234] – der jeweilige Landes-Datenschutzbeauftragte die zuständige Aufsichtsbehörde (§ 81 SGB X). Bei einer Beschwerde gegen die Datenverarbeitung von privaten Institutionen, wie beispielsweise einem als gemeinnützige GmbH organisierten sozialpsychiatrischen Einrichtungsträger, sind Landesstellen zuständig (i. d. R. die Landesbeauftragten für Datenschutz, in Bayern allerdings nach Art. 18 BayDSG das eigenständige Landesamt für Datenschutzaufsicht). Schließlich sind für die kirchlichen Träger Caritas und Diakonie eigenständige kirchliche Datenschutzaufsichtsbehörden zuständig, da die EU-Datenschutz-Grundverordnung ihnen in Anerkennung des durch Art. 140 GG i. V. m. Art. 137 Abs. 3 Weimarer Reichsverfassung garantierten Selbstorganisationsrechts dieses Recht zugesteht (s. Art. 91 EU-DSGVO i. V. m. Erwägungsgrund 165 EU-DSGVO). Für die katholischen Träger sind Diözesandatenschutzbeauftragte als Aufsichtsbehörde bestellt (§§ 42 Abs. 1, 44 Abs. 1 und 2 i. V. m. § 3 Abs. 1 Gesetz über den kirchlichen Datenschutz). Eine Auflistung der fünf nach Regionen gegliederten Aufsichtsbehörden mit Zuständigkeit findet sich im Internet unter:

233 Bei einem Widerspruch gegen Direktwerbung ist sogar diese Möglichkeit des Nachweises versperrt und die Werbung ist jedenfalls zu unterlassen (Art. 21 Abs. 2 EU-DSGVO). Zur Einschränkung des Widerspruchsrechts gegenüber Sozialleistungsträgern vgl. § 84 Abs. 5 SGB X.

234 Dies sind zumeist die kreisfreien Städte und Landkreise, in manchen Bundesländern aber auch überregionale Verbände wie in Bayern die Bezirke (s. Art. 66d Abs. 1 S. 1 BayAGSG) oder in Nordrhein-Westfalen die Landschaftsverbände (§ 1 SGB IX-Ausführungsgesetz NRW).

https://www.kath-datenschutzzentrum-ffm.de/ueber-die-konferenz/ (04.07.2023). Für die evangelischen Träger, die die Datenschutzaufsicht auf die EKD übertragen haben, ist der »Beauftragte für den Datenschutz der EKD« zuständig (s. § 39 Abs. 1 S. 1 und Abs. 2 EKD-Datenschutzgesetz). Diese Behörde gliedert sich in vier sog. »Datenschutzregionen«, deren Zuständigkeit im Internet ersichtlich ist unter: https://datenschutz.ekd.de/ueber-uns/unsere-struktur/ (04.07.2023).

Ferner gewährt Art. 82 EU-DSGVO einen *Anspruch auf Schadensersatz* gegen den Verantwortlichen oder gegen den Auftragsverarbeiter, wenn durch einen Verstoß gegen die EU-DSGVO ein materieller oder immaterieller Schaden (z. B. eine nicht unmittelbar in Geld messbare Schädigung des Rufes) entstanden ist. Darüber hinaus können in der Verordnung einzeln benannte Verstöße gegen die EU-DSGVO von der zuständigen Aufsichtsbehörde (s. Art. 58 Abs. 2 lit. i) EU-DSGVO) mit einer *Geldbuße* geahndet werden, deren Höhe »wirksam, verhältnismäßig und abschreckend ist« (Art. 83 EU-DSGVO).[235] Schließlich hat Deutschland von der durch Art. 84 EU-DSGVO eröffneten Möglichkeit Gebrauch gemacht und über die verwaltungsrechtliche Sanktionierung mit Geldbußen hinaus sogar *Strafvorschriften* (s. § 42 BDSG und § 85 SGB X) für bestimmte Datenschutzverstöße beschlossen.

**Bei der Datenerhebung – gleich ob es eine Direkterhebung bei Betroffenen oder eine Dritterhebung bei anderen ist – muss der Verantwortliche die Betroffenen über in der EU-DSGVO festgelegte Punkte informieren. Ferner können Betroffene vom Verantwortlichen Auskunft über die verarbeiteten Daten verlangen. Entsprechend dem Grundsatz der Richtigkeit von Daten haben Betroffene des Weiteren ein Recht auf Berichtigung falscher oder unvollständiger Daten sowie ein Recht auf Löschung von Daten, die nicht mehr notwendig sind, deren Verarbeitungseinwilligung widerrufen wurde, bei denen kein Erlaubnistatbestand zur Verarbeitung (mehr) gegeben ist oder deren Verarbeitung von ihnen widersprochen wurde, ohne dass sich der Verantwortliche auf zwingende Gründe für die Verarbeitung berufen kann.**

235 S. dazu ergänzend § 43 BDSG und § 85a SGB X.

**Zur erleichterten Nutzung der Angebote anderer Anbieter gibt es ferner das Recht auf Datenübertragbarkeit. Des Weiteren kennt die EU-DSGVO das Recht auf Widerspruch gegen die aus Gründen der Ausübung öffentlicher Gewalt oder aus Gründen eines überwiegenden berechtigten Interesses ausnahmsweise erlaubte Datenverarbeitung. Schließlich haben Betroffene das Recht auf Beschwerde bei der Aufsichtsbehörde, Verantwortliche und Auftragsverarbeiter haften auf Schadensersatz für Datenschutzverletzungen und (einige) Datenschutzverstöße sind mit Geldbuße oder sogar durch Strafrecht sanktioniert.**

## 1.4.6 Rechenschaftspflichten sowie Melde- und Benachrichtigungspflichten

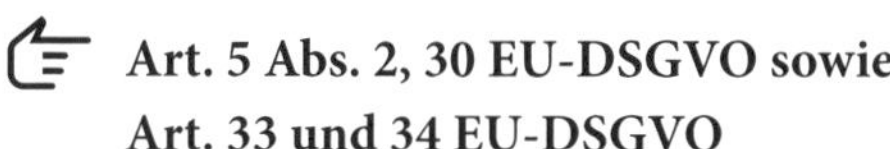

**Art. 5 Abs. 2, 30 EU-DSGVO sowie Art. 33 und 34 EU-DSGVO**

Der datenschutzrechtlich Verantwortliche muss die Einhaltung der Grundsätze für die Verarbeitung personenbezogener Daten gemäß Art. 5 Abs. 1 EU-DSGVO (s. dazu bereits oben, S. 25 ff.) nachweisen können (sog. *Rechenschaftspflicht* oder Accountability, Art. 5 Abs. 2 EU-DSGVO und konkreter Art. 24 Abs. 1 EU-DSGVO), beispielsweise gegenüber der Aufsichtsbehörde bei einer Prüfung (s. S. 81) oder gegenüber einem Betroffenen, der sein Auskunftsrecht (s. dazu bereits oben, S. 76) geltend macht. Wesentliche Mittel des Nachweises sind das Führen und Aktualisieren[236] eines Verzeichnisses der Verarbeitungstätigkeiten (Art. 30 EU-DSGVO i. V. m. Erwägungsgrund 82 Satz 1 EU-DSGVO) und das Erfüllen der Meldepflicht bei Datenschutzverletzungen gegenüber der Aufsichtsbehörde (Art. 33 EU-DSGVO) sowie die Benachrichtigung der von der Datenschutzverletzung Betroffenen (Art. 34 EU-DSGVO).[237]

236 Vgl. für die Pflicht zur fortlaufenden Aktualisierung die überzeugende, auf die Wertung des Art. 5 Abs. 2 EU-DSGVO gestützte Argumentation von *Hartung* in: Kühling; Buchner, a. a. O. (Fußn. 35), Art. 30 DS-GVO Rn. 31.

237 *Frenzel* in: Paal; Pauly, a. a. O. (Fußn. 66), Art. 5 DS-GVO Rn. 52. Daneben müssen auch z. B. die vorhandenen Einwilligungen zur Datenverarbeitung (s. Art. 7 Abs. 1 EU-DSGVO) und eine Datenschutz-Folgenabschätzung (Art. 35 EU-DSGVO) nachgewiesen werden. Letztere kommt nach Auffassung des BfDI auf Träger großer sozialer Einrichtungen zu, weil sie umfangreich Daten verarbeiten, die einem Sozial- und Berufsgeheimnis unterliegen (vgl. Datenschutzkonferenz, Liste der Verarbeitungstätigkeiten, für die eine DSFA durchzuführen ist, S. 1 unter 3, erhältlich unter: https://www.bfdi.bund.de/DE/Fachthemen/Inhalte/Technik/Datenschutz-Folgenabschaetzungen.html (04.07.2023)).

Außerdem obliegt es sowohl der Verantwortlichen und ggf. ihrem Vertreter[238] als auch der Auftragsverarbeiterin und ggf. ihrem Vertreter, ein schriftliches *Verarbeitungsverzeichnis* zu führen (Art. 30 Abs. 1 S. 1 und Abs. 2 EU-DSGVO). Zwar sind Unternehmen mit weniger als 250 Mitarbeitenden prinzipiell von dieser Verpflichtung ausgenommen. Diese Ausnahme gilt allerdings nicht, wenn die Verarbeitung ein (mehr als nur geringes) Risiko für die Rechte der Betroffenen birgt, regelmäßig erfolgt oder besondere Datenkategorien nach Art. 9 Abs. 1 EU-DSGVO wie z. B. Gesundheitsdaten verarbeitet werden (Art. 30 Abs. 5 EU-DSGVO).[239] Somit muss in der sozialpsychiatrischen Arbeit vom Einrichtungsträger ein (gemeinsames) Verarbeitungsverzeichnis (für alle seine Einrichtungen) erstellt werden. Die notwendige Schriftlichkeit des Verzeichnisses wird auch durch ein elektronisches Format – beispielsweise eine Excel-Tabelle[240] – gewahrt (Art. 30 Abs. 3 EU-DSGVO). Die EU-DSGVO listet im Einzelnen auf, welche Angaben in dem Verzeichnis der Verarbeitungstätigkeiten enthalten sein müssen (s. Art. 30 Abs. 1 S. 2 und Abs. 2 EU-DSGVO). Ein Muster eines entsprechenden Verzeichnisses wird beispielsweise vom Bundesbeauftragten für den Datenschutz und die Informationsfreiheit zur Verfügung gestellt.[241] Sowohl den datenschutzrechtlich Verantwortlichen als auch die Auftragsverarbeiterin trifft ferner die Verpflichtung, das Verzeichnis der Verarbeitungstätigkeiten auf Anfrage der zuständigen Aufsichtsbehörde[242] vorzulegen, damit diese die Verarbeitungsvorgänge anhand des Verzeichnisses kontrollieren kann (Art. 30 Abs. 4 EU-DSGVO i. V. m. Erwägungsgrund 82 Satz 2 EU-DSGVO). Auch wenn man womöglich die Tendenz verspürt, das Verarbeitungsverzeichnis als »bürokratischen Aufwand« abzutun, sollte man sich klarmachen, dass es Teil der Idee ist, Datenschutz durch (bewusste und sichere) Verfahren zu erreichen.[243] Es dient damit nicht nur dem Nachweis datenschutzkonformen Verhaltens gegenüber der Aufsichtsbehörde und (in Auszügen) der Auskunft an Betroffene über die Verarbeitung ihrer Daten, sondern ist auch ein Instrument der internen Evaluation, ob und wie im Unternehmen die Pflichten der EU-DSGVO eingehalten und umgesetzt werden.[244]

238 S. zum Vertreterbegriff Art. 4 Nr. 17 EU-DSGVO.

239 Vgl. *Martini* in: Paal; Pauly, a. a. O. (Fußn. 66), Art. 30 DS-GVO Rn. 30 u. 32.

240 *Spoerr* in: Wolff; Brink, a. a. O. (Fußn. 57), Art. 30 DSGVO Rn. 12.

241 Erhältlich auf der Homepage des BfDI unter: https://www.bfdi.bund.de/DE/Fachthemen/Inhalte/Allgemein/Verzeichnis-Verarbeitungstaetigkeiten.html (04.07.2023).

242 S. Art. 51 ff. EU-DSGVO.

243 *Martini* in: Paal; Pauly, a. a. O. (Fußn. 66), Art. 30 DS-GVO Rn. 1a.

244 *Martini* in: Paal; Pauly, a. a. O. (Fußn. 66), Art. 30 DS-GVO Rn. 2.

Bei einer *Datenschutzverletzung*[245], die ein (mehr als unerhebliches) Risiko für Rechte und Freiheiten von Menschen beinhaltet, meldet der Verantwortliche dies unverzüglich – möglichst binnen 72 Stunden – nach Bekanntwerden der Verletzung der zuständigen Aufsichtsbehörde (Art. 33 Abs. 1 i. V. m. Art. 55 EU-DSGVO, sog. »Datenpanne«). Mithin entfällt die Meldepflicht, wenn bei rationaler Abwägung von Eintrittswahrscheinlichkeit und Schadenshöhe eine Meldung (mangels Risiko) entbehrlich erscheint.[246] Relevante Abwägungskriterien dabei sind Menge und Art der betroffenen Daten sowie eine Verschlüsselung der Daten mit einem die Vertraulichkeit hinreichend sicher garantierenden Schlüssel.[247] Im Zweifel wird eine Datenschutzverletzung in der sozialpsychiatrischen Arbeit aber zu melden sein, weil die Art der verletzten Daten häufig besondere Gefahren für Betroffene beinhalten können, wie z. B.[248] Diskriminierung bzw. Rufschädigung, oder es sich um einem Berufsgeheimnis unterliegende Daten[249] handelt.[250] Ein weiteres häufiges Beispiel für eine meldepflichtige Datenpanne ist das Versenden einer Sammel-E-Mail mit offenem Adressatenverzeichnis – also ohne Nutzung der Blindkopiefunktion in der E-Mail-Anwendung (bcc-Feld). Mit der Meldepflicht nach Art. 33 EU-DS-GVO erhofft sich der Verordnungsgeber einen präventiven Schutz der Privatsphäre, weil die Meldung einer Datenschutzverletzung im Unternehmen unerwünschte Öffentlichkeit für eine Art Organisationsversagen schafft und damit dafür sorgt, solche Verstöße zukünftig lieber zu vermeiden.[251] Die Meldung beinhaltet die Beschreibung der Art der Verletzung, soweit möglich mit Angabe der Kategorie von Datensätzen und Anzahl der betroffenen Personen, die Kontaktdaten des (internen) Datenschutzbeauftragten, eine Beschreibung der wahrscheinlichen Folgen der Datenschutzverletzung und eine Beschreibung der ergriffenen oder vorgeschla-

245 Vgl. zum Begriff der »Verletzung des Schutzes personenbezogener Daten« die Definition in Art. 4 Nr. 12 EU-DSGVO.

246 *Martini* in: Paal; Pauly, a. a. O. (Fußn. 66), Art. 33 DS-GVO Rn. 22 f. Ähnlich *Brink* in: Wolff; Brink, a. a. O. (Fußn. 57), Art. 33 DSGVO Rn. 34 u. 36, und *Jandt* in: Kühling; Buchner, a. a. O. (Fußn. 35), Art. 33 DS-GVO Rn. 9.

247 *Martini* in: Paal; Pauly, a. a. O. (Fußn. 66), Art. 33 DS-GVO Rn. 23.

248 Vgl. auch Erwägungsgrund 85 Satz 1 EU-DSGVO zu den (möglicherweise) beeinträchtigten Rechten.

249 Vgl. die Strafbarkeit des Geheimnisbruchs für staatlich anerkannte Sozialarbeiterinnen nach § 203 Abs. 1 Nr. 6 StGB.

250 *Brink* in: Wolff; Brink, a. a. O. (Fußn. 57), Art. 33 DSGVO Rn. 35; *Martini* in: Paal; Pauly, a. a. O. (Fußn. 66), Art. 33 DS-GVO Rn. 24.

251 *Brink* in: Wolff; Brink, a. a. O. (Fußn. 57), Art. 33 DSGVO Rn. 10; *Martini* in: Paal; Pauly, a. a. O. (Fußn. 66), Art. 33 DS-GVO Rn. 11.

genen Maßnahmen zur Behebung der Verletzung bzw. ggf. zur Abmilderung der möglichen negativen Auswirkungen (Art. 33 Abs. 3 EU-DSGVO). Die Datenschutzaufsichtsbehörden halten insofern i. d. R. über das Internet ein Formular oder sogar eine Meldemaske vor.[252] Darüber hinaus muss der Verantwortliche alle Datenschutzverletzungen, also auch die mangels Risikos für Rechte und Freiheiten von Betroffenen nicht meldepflichtigen, dokumentieren und der Aufsichtsbehörde im Prüfungsfall vorlegen (Art. 33 Abs. 5 EU-DSGVO).[253]

Des Weiteren ist die datenschutzrechtlich verantwortliche Stelle verpflichtet, die betroffene Person *über eine Datenschutzverletzung zu benachrichtigen*, die voraussichtlich ein hohes Risiko für die persönlichen Rechte und Freiheiten von Menschen zur Folge hat (Art. 34 Abs. 1 EU-DSGVO). Ein »hohes Risiko« in diesem Sinne erfordert eine Prognose, dass mit hoher Wahrscheinlichkeit ein Schaden für die Rechte und Freiheiten des Betroffenen droht.[254] Typische Gesichtspunkte der Bewertung des Risikos im Einzelfall sind die Art der Verletzung, Natur, Sensibilität und Umfang der betroffenen personenbezogenen Daten, der zur Identifizierung der betroffenen Individuen notwendige Aufwand, die Schwere der Folgen für den Betroffenen sowie spezielle Eigenschaften der Betroffenen.[255] Mithin wird man bei der Sozialen Arbeit in der Sozialpsychiatrie ein »hohes Risiko« infolge der Datenpanne, beispielsweise bei der Verarbeitung von besonderen Kategorien von Daten nach Art. 9 Abs. 1 EU-DSGVO wie Gesundheitsdaten, regelmäßig annehmen können.[256] Ausnahmsweise ist die Benachrichtigung allerdings nicht erforderlich, wenn die von der Datenschutzverletzung berührten Daten durch besondere Sicherheitsvorkehrungen wie z. B. Verschlüsselung nach dem Stand der Technik geschützt sind, sodass sie für Unbefugte unzugänglich sind; ferner wenn durch der Datenschutzverletzung nachfolgende Maßnahmen das hohe Risiko für

252 Vgl. beispielsweise die Meldemaske des Bayerischen Landesamtes für Datenschutzaufsicht, erhältlich unter: https://www.lda.bayern.de/de/datenpanne.html (04.07.2023).

253 *Martini* in: Paal; Pauly, a. a. O. (Fußn. 66), Art. 33 DS-GVO Rn. 2.

254 *Martini* in: Paal; Pauly, a. a. O. (Fußn. 66), Art. 34 DS-GVO Rn. 30.

255 So ausdrücklich *Brink* in: Wolff; Brink, a. a. O. (Fußn. 57), Art. 34 DSGVO Rn. 20 unter Bezugnahme auf die Artikel-29-Datenschutzgruppe.

256 *Brink* in: Wolff; Brink, a. a. O. (Fußn. 57), Art. 34 DSGVO Rn. 26; *Martini* in: Paal; Pauly, a. a. O. (Fußn. 66), Art. 34 DS-GVO Rn. 30b.

Rechte und Freiheiten der Betroffenen nicht mehr besteht[257] oder[258] wenn die Benachrichtigung unverhältnismäßig aufwendig wäre[259] und stattdessen eine öffentliche Bekanntmachung – z. B. über öffentliche Verkündungsblätter oder Tageszeitungen[260] – zur Information der Betroffenen erfolgt ist (Art. 34 Abs. 3 EU-DSGVO). Ist nach alledem eine Benachrichtigung im Einzelfall erforderlich, so soll sie unverzüglich erfolgen, damit der Betroffene schnelle Vorkehrungen treffen kann (Erwägungsgrund 86 Satz 1 und 87 Satz 2 EU-DSGVO), sowie in klarer und einfacher Sprache die Art der Verletzung beschreiben (Art. 34 Abs. 2 i. V. m. Erwägungsgrund 86 Satz 2 EU-DSGVO). Mit der Information über die Datenschutzverletzung wird der Betroffene in die Lage versetzt, sowohl seine Betroffenenrechte wahrzunehmen (dazu bereits S. 74 ff.) oder gerichtlichen Rechtsschutz zu suchen (s. Art. 79 und 82 EU-DSGVO) als auch ggf. erforderliche eigene Vorkehrungen zu treffen, wie z. B. Passwörter zu ändern oder weitere Datenübermittlungen an den Verantwortlichen vorerst zu stoppen.[261]

Eine unterlassene, notwendige Meldung an die Aufsichtsbehörde oder Benachrichtigung des Betroffenen kann mit einer *Geldbuße* geahndet werden (Art. 83 Abs. 4 lit. a) EU-DSGVO). Da die Benachrichtigung des Betroffenen das Ziel hat, diesem geeignete Maßnahmen zu ermöglichen, kann auch eine unvollständige oder unverständliche Benachrichtigung zu einer entsprechenden Geldbuße führen.[262]

**Der Verantwortliche muss nachweisen können, dass er seine datenschutzrechtlichen Pflichten erfüllt. Dazu führt er ein Verzeichnis der Verarbeitungstätigkeiten, welches zudem dafür sorgt, dass er**

257 *Martini* nennt dafür als ein Beispiel den Abschluss einer Vertraulichkeitsvereinbarung mit demjenigen, dem versehentlich Daten übermittelt worden sind (*Martini* in: Paal; Pauly, a. a. O. (Fußn. 66), Art. 34 DS-GVO Rn. 39b).

258 Es handelt sich also um alternative Ausschlussgründe für die Pflicht zur Benachrichtigung (so ausdrücklich *Martini* in: Paal; Pauly, a. a. O. (Fußn. 66), Art. 34 DS-GVO Rn. 35 unter Bezugnahme auf den Wortlaut »[…] wenn eine der folgenden Bedingungen erfüllt ist […]«).

259 Beispielsweise wenn eine so große Personenzahl bei Unkenntnis individueller Kontaktdaten zu benachrichtigen wäre, dass allein durch den für die Ermittlung der Kontaktdaten notwendigen Zeitablauf in der Zwischenzeit weitere Schäden drohen (*Jandt* in: Kühling; Buchner, a. a. O. (Fußn. 35), Art. 33 DS-GVO Rn. 15a; *Martini* in: Paal; Pauly, a. a. O. (Fußn. 66), Art. 34 DS-GVO Rn. 40a).

260 *Brink* in: Wolff; Brink, a. a. O. (Fußn. 57), Art. 34 DSGVO Rn. 43; *Martini* in: Paal; Pauly, a. a. O. (Fußn. 66), Art. 34 DS-GVO Rn. 41b.

261 *Martini* in: Paal; Pauly, a. a. O. (Fußn. 66), Art. 33 DS-GVO Rn. 16 f.

262 So im Ergebnis auch *Brink* in: Wolff; Brink, a. a. O. (Fußn. 57), Art. 34 DSGVO Rn. 17.

– gleichsam präventiv – seine Datenverarbeitungsvorgänge auf Einhaltung der Vorgaben der EU-DSGVO untersucht. Kommt es gleichwohl zu einer für die Rechte und Freiheiten von Menschen erheblichen Datenschutzverletzung, so meldet der Verantwortliche dies unverzüglich seiner Aufsichtsbehörde. Außerdem informiert er Betroffene, falls eine Datenschutzverletzung voraussichtlich ein hohes Risiko für deren Rechte und Freiheiten bedingt. Unterbleibt eine notwendige Meldung an die Aufsichtsbehörde oder Information von Betroffenen, kann dies mit einer Geldbuße geahndet werden.

# 2 Praxisfälle zum Datenschutzrecht

Im zweiten Teil des Buches werden typische, konkrete und wiederkehrende Arbeitssituationen im Arbeitsbereich ambulanter und stationärer Sozialpsychiatrie unter Datenschutz- und Schweigepflichtaspekten betrachtet. Um folgende Situationen wird es in dem fiktiven, aber alltäglichen Fall gehen: Eine Klientin wird neu bei einer Einrichtung aufgenommen (Arbeitssituation 1). In der handlungsorientierten Sozialen Arbeit geht es dann um Unterstützung und Teilhabesicherung, im Konkreten um Sicherung von Wohnung und Selbstversorgung (Arbeitssituation 2), um Absicherung ihrer finanziellen Ansprüche (Arbeitssituation 3), um ihr soziales Netz (Arbeitssituation 4), um Ermöglichung von Ausbildung, Tagesstruktur und Teilhabe am Arbeitsleben (Arbeitssituation 5), um kulturelle Teilhabe (Arbeitssituation 6) und um Optionen im Falle einer Krisenintervention (Arbeitssituation 7). Weitere Arbeitssituationen sind der Umgang mit vertraulichen Informationen im Einzelgespräch (Arbeitssituation 8), der Umgang mit Social Media (Arbeitssituation 9), mit Bildrechten (Arbeitssituation 10) und der Umgang mit Daten, wenn eine Klientin die Betreuungsarbeit mit einer Einrichtung beendet (Arbeitssituation 11).

## Arbeitssituation 1: Eine neue Klientin kommt

Frau Irene Mittelstädt (27) wird nach ihrem dritten Klinikaufenthalt zunächst wieder nach Hause zu ihren Eltern entlassen. Entsprechend ihrem Wunsch wird ihr von ärztlicher Seite empfohlen, den Auszug von zu Hause mit Unterstützung vorzubereiten und so zu planen, dass sie mehr Selbstständigkeit erreicht. Als Diagnose war zunächst der Verdacht auf Schizophrenie ausgesprochen worden, nach dem zweiten Klinikaufenthalt wurde eine schizoaffektive Störung vermutet. Nach ihrem letzten Klinikaufenthalt steht jetzt bipolare Störung im Arztbrief. Sie wird von der niedergelassenen Psychiaterin Frau Herder medikamentös weiterbehandelt. Frau Mittelstädt hat beim Sozialpsychiatrischen Dienst ihrer Heimatstadt einen Termin vereinbart, um nach freien Plätzen im Betreuten Wohnen in der Region zu fragen. Sie wird von dort an einen Einrichtungsträger verwiesen, der ihr in absehbarer Zeit einen Platz anbieten kann. Mit einem Mitarbeiter des Einrichtungsträgers, Herrn Kurz, bespricht sie dessen Aufnahmemodalitäten und füllt mit ihm für den Kostenträger dann den Antrag auf Kostenübernahme aus. Viele Angaben kann sie nicht direkt machen und verweist auf den Arztbrief aus der Klinik, den sie dabeihat. Herr Kurz ist Sozialarbeiter und wird ihr Bezugsbetreuer.

**In dieser Arbeitssituation werden folgende datenschutzrechtliche Problemkomplexe berührt:**

- **Datenerhebung bei Aufnahme in einer Einrichtung**
- **Datenverwendung für den Kostenantrag**
- **Kooperation des Bezugsbetreuers mit seinen Kolleginnen und Kollegen (Urlaubsvertretung, Fallbesprechung, Datenaustausch etc. Supervision)**

Im Folgenden sollen Hinweise zur datenschutzgerechten Behandlung dieser Themen gegeben werden – einschließlich Hinweisen auf mögliche Zulässigkeitstatbestände für die Datenverarbeitung (vgl. vertiefend zu den Zulässigkeitstatbeständen bei der Datenverarbeitung S. 43 ff.):

**Datenerhebung durch den Kostenträger als Sozialleistungsträger:** Diese ist zulässig, soweit die Kenntnis für die Durchführung der öffentlichen Aufgabe (Sozialleistung) bzw. zur Erfüllung der Pflichten aus dem Recht der sozialen Sicherheit notwendig ist (Art. 6 Abs. 1 S. 1 lit. e) EU-DSGVO bzw. Art. 9 Abs. 2 lit. b) EU-DSGVO i. V. m. § 67a Abs. 1 S. 1 und 2 SGB X). Das heißt: Was konkret an Daten verarbeitet werden darf, richtet sich damit nach den im jeweils einschlägigen Leistungsgesetz normierten Leistungsvoraussetzungen und Rechtsfolgen, kurzum: Was die Behörde wissen muss, um eine rechtmäßige Entscheidung treffen zu können, darf sie an Daten verarbeiten.

Dabei ist aber das *Prinzip der Direkterhebung* bei der betroffenen Person zu beachten (§ 67a Abs. 2 S. 1 SGB X) und man darf nur dann zur Dritterhebung bei anderen Personen übergehen, wenn dies gerechtfertigt, insbesondere verhältnismäßig ist[263].

Es gilt für die antragstellende Person die sog. *Mitwirkungsobliegenheit* (§§ 60 ff. SGB I), d. h., sie wird nur dann die Sozialleistung erhalten, wenn sie die für die Prüfung des Leistungsanspruchs benötigten (!) Informationen an den Leistungsträger gibt.

**Datenerhebung durch den Einrichtungsträger als Sozialleistungserbringer:** Diese ist zulässig, soweit sie erforderlich ist, damit die betroffene Person ihre aus dem Recht der sozialen Sicherheit erwachsenden Rechte ausüben kann (Art. 9 Abs. 2 lit. b) EU-DSGVO i. V. m. § 22 Abs. 1 Nr. 1 lit. a) BDSG), also z. B. Recht zur Verarbeitung derjenigen Daten, die zur Unterstützung der Klientin in einem Verwaltungs- oder sozialgerichtlichen Verfahren gegen den Leistungsträger erforderlich sind, und ferner für die Versorgung im Sozialbereich oder die Verwaltung von Systemen und Diensten im Sozialbereich auf der Grundlage des Rechts eines Mitgliedstaates (Art. 9 Abs. 2 lit. h) EU-DSGVO i. V. m. § 22 Abs. 1 Nr. 1 lit. b) BDSG), also z. B. die Dokumentation der Leistungserbringung als Gedächtnisstütze für die weitere Arbeit und zum Zwecke der Abrechnung gegenüber dem Kostenträger.

Zudem – soweit es nicht um vorrangig nach Art. 9 Abs. 2 EU-DSGVO zu beurteilende Daten mit Gesundheitsbezug geht – ist die Datenverarbeitung i. S. v. Speicherung, Änderung, Lesen etc. zur Erfüllung des Vertrags zwischen dem Leistungserbringer und dem Leistungsempfänger zulässig (Art. 6 Abs. 1 lit. b) EU-DSGVO).

**Zusammenarbeit mit Kolleginnen und Kollegen einschließlich Urlaubsvertretung und Supervision:** Vor der Datenweiterleitung eine Vorabprüfung auf Vorliegen von Geheimnissen i. S. d. § 203 StGB durchführen, da bei solchen nicht nur die datenschutzrechtliche Übermittlungsbefugnis, sondern auch die strafrechtliche Rechtfertigung des Weiterleitens notwendig ist (vgl. vertiefend zur Strafbarkeit der Verletzung von Privatgeheimnissen S. 66 ff.).

Auch bei Urlaubsvertretung oder Krankheitsvertretung bei Sozialleistungsbehörden sollte man das Sonderthema Geheimnisschutz nach § 203 StGB vorab prüfen (s. dazu vertiefend S. 64 ff.) Im Vertretungsfall liegt im

263 Vgl. BSG v. 25.01.2012 – B 14 AS 65/11 R – juris Rn. 20 ff.

Sinne des Sozialgeheimnisses nach § 35 Abs. 1 S. 2 SGB I keine »unbefugte« Verarbeitung vor, da i. S. d. »funktionalen« Stellenbegriffs (= kleinste Einheit innerhalb eines Amtes, die für eine bestimmte Aufgabe zuständig ist) nur eine solche Person eingebunden wird, die nach der internen Organisation für die Datenverarbeitung (vertretungsweise) zuständig ist und die Daten auch für ihre Arbeit benötigt. Datenschutzrechtlich ist die Vertretung also abgesichert.

Ebenso muss bei Urlaubsvertretung oder Krankheitsvertretung bei freien Trägern das Sonderthema Geheimnisschutz nach § 203 StGB vorab geprüft werden (s. dazu vertiefend S. 64 ff.) Wer innerhalb derselben Zweckbestimmung und mit derselben dienstlichen Obliegenheit vertretungsweise mit den Daten arbeitet, ist unter denselben Voraussetzungen zur Verarbeitung befugt wie der ursprünglich Zuständige, sodass hier kein datenschutzrechtlicher Problemfall entsteht. Wird ohnehin mit einer Einwilligung gearbeitet, so kann eine Klausel zur Einwilligung in eine Urlaubs- oder Krankheitsvertretung ergänzt werden, um eventuelle Fehlvorstellungen darüber bei Betroffenen zu vermeiden.

Eine kollegiale Fallberatung im Team, beispielsweise um sich einen Rat zum Vorgehen zu holen, sollte nach Möglichkeit mit anonymisierten oder jedenfalls pseudonymisierten Daten erfolgen (s. zum Unterschied der Begriffe Anonymität und Pseudonymität siehe S. 38). Jedoch ist zu beachten, dass bei einer vergleichsweise überschaubaren Anzahl an Klienten in einer Einrichtung in der internen Fallberatung eine Pseudonymisierung in vielen Fällen kaum gelingen wird.

Falls man auf die Angabe bestimmter identifizierender Daten (jenseits des Namens) aus fachlichen Gründen nicht verzichten kann, ohne den Zweck der Fallberatung zu vereiteln, bzw. eine Pseudonymisierung wegen der Einzigartigkeit der Konstellation oder der geringen Einrichtungsgröße[264] in Bezug auf die Kolleginnen und Kollegen nicht erfolgversprechend ist, wäre es aus datenschutzrechtlicher Sicht besser, eine Einzelsupervision durchzuführen. Denn die Klientin ist der (externen) Supervisorin nicht persönlich bekannt und damit aufgrund der jedenfalls pseudonymisierten Falldarstellung auch nicht ohne Weiteres identifizierbar.

264 Beispielsweise dürfte bei einem Leistungserbringer für Betreutes Wohnen, der vier Mitarbeitende beschäftigt, die jeweils sechs Klientinnen und Klienten betreuen, auch ohne Namensnennung allen klar sein, wer genau gemeint ist, wenn von einer 27-jährigen Klientin mit depressiver Störung gesprochen wird.

Grundsätzlich ist bei einer Teamsupervision für eine Einrichtung mit einer überschaubaren Anzahl von Klienten und Beschäftigten zudem immer zu bedenken, dass der besprochene Fall zwar vor der Supervisorin pseudonymisierbar ist, jedoch nicht für das an der Supervision teilnehmende Team. Dieses kann erkennen, über welchen Klienten gesprochen wird.

Man mag in den beschriebenen Konstellationen daher folgende Alternative erwägen: (präventives) Einholen einer Einwilligung zur regelmäßigen internen Fallberatung und/oder Supervision im Team. Dies sollte bereits zusammen mit dem Betreuungsvertrag vereinbart werden. Herausforderung bei diesem Ansatz ist aber das sog. Koppelungsverbot nach Art. 7 Abs. 4 EU-DSGVO. Das heißt, die Freiwilligkeit der Einwilligung in die Datenverarbeitung ist fraglich, wenn der Vertragsschluss zur Leistungserbringung erst von der Abgabe der Einwilligung zur Verarbeitung solcher Daten abhängig gemacht wird, die für Vertragserfüllung an sich gar nicht notwendig ist. Überdies besteht das Problem, dass bei der Einwilligung eine Transparenz über den (späteren) Umgang mit den Daten hergestellt werden muss (s. Art. 5 Abs. 1 lit. a) EU-DSGVO). Es fragt sich allerdings, ob man bei Vertragsschluss schon hinreichend deutlich machen kann, welche Daten mit wem (z. B. im Rahmen einer kollegialen Fallberatung im Team) besprochen werden.

Ein weiterer Ansatz zur Problemlösung (auch bei fehlender Möglichkeit zur Supervision) könnte für einen Träger mit lediglich einer Handvoll Beschäftigten sein, dass für die Klientin ersichtlich – beispielsweise durch entsprechende Regelung im Betreuungsvertrag oder durch ein offen kommuniziertes Betreuungskonzept – alle Mitarbeitenden im Team gemeinsam arbeiten und sich auch wechselseitig bei Urlaub und Krankheit vertreten – ähnlich der Behandlung in einem Krankenhaus, wo die ganze Abteilung nach Dienstplan in die Patientenbehandlung eingebunden wird. Diesen Ansatz wird man aber nicht mehr vertreten können, wenn die Anzahl der hier eingebundenen Beschäftigten des Leistungserbringers die Größe einer kleinen Gruppe übersteigt. Außerdem könnten fachliche Gesichtspunkte gegen die Betreuung der Klientin im »Team« sprechen, weil dadurch ein Stück weit Abstand von einem festen Bezugsbetreuerinnensystem genommen wird.

In stationären Settings der sozialpsychiatrischen Arbeit bestehen i. d. R. mehr datenschutzrechtlich zulässige Möglichkeiten zum Austausch, weil vielfach keine 1:1-Zuweisung bei der Betreuung der Klientinnen und Klienten erfolgt, sodass mehr Menschen – auch für die betroffene Person erwartbar – in die Versorgung eingebunden sind. Durch die »Betreuung im Team« ist ein kollegialer Austausch häufig bereits dadurch gerechtfertigt, dass die anderen Personen für die ordnungsgemäße Aufgabendurchführung im Alltag auf bestimmte Informationen (z. B. Klientin hat selbstgefährdende Absichten kommuniziert) angewiesen sind (s. zur Zulässigkeit Art. 9 Abs. 2 lit h) EU-DSGVO).

Bei der Supervision stellt sich ferner die Frage, welche Daten man weiterleiten darf. In der Praxis gibt es insofern einen häufigen Gegensatz zwischen Erfordernissen des Datenschutzes und (durchaus wohlmeinenden) Ansätzen zur psychosozialen Arbeit mit Klienten. Die Herausforderung besteht nun darin, diesen Widerspruch aufzulösen. Eine Datenschützerin würde insofern die Antwort geben, die Supervision doch (nach Möglichkeit) mit anonymisierten Daten durchzuführen, jedenfalls aber nach dem Prinzip der Datenminimierung (s. Art. 5 Abs. 1 lit. c) EU-DSGVO; vertiefend dazu S. 29) unter Beschränkung auf das für den Zweck der Verarbeitung notwendige Maß vorzugehen. Das lässt sich durch folgende Kontrollfrage überprüfen: Muss die Supervisorin für den Zweck der Supervision wirklich alle Daten der Klientin kennen (wie z. B. auch Name, Alter, Geschlecht, Wohngruppe)?

Mithilfe dieser Überlegung mag man erkennen, dass bei der Supervision wenigstens eine Pseudonymisierung der Daten denkbar ist, indem man auf typische identifizierende Angaben wie Name, Wohnort, Alter etc. verzichtet.

## Arbeitssituation 2: Wohnraum und Selbstversorgung

Frau Mittelstädt sucht sich mithilfe des Sozialarbeiters Herrn Kurz eine Einzimmerwohnung. Dabei muss sie mehrmals potenzielle Vermieter ansprechen. Sie beschäftigt die Frage, ob und was sie dem Vermieter von ihrer Erkrankung sagen soll. Nach einer längeren Zeit findet sie eine Wohnung in einem Mehrfamilienhaus und schließt einen Mietvertrag ab. Beim Umzug in die neue Wohnung begrüßen sie einige Nachbarn, die sie fragen, woher sie kommt und was sie so macht. Sie hat Angst davor, was die Nachbarn wohl denken werden, wenn Herr Kurz als Bezugsbetreuer sie regelmäßig in der Wohnung besucht oder sie in depressiven Phasen über längere Zeit nicht die Wohnung verlässt.

**In dieser Arbeitssituation werden folgende datenschutzrechtliche Problemkomplexe berührt:**

- **Schweigepflicht**
- **Datenschutz und Datenweitergabe im Verhältnis zur Vermieterin und zur Nachbarschaft**

Frau Mittelstädt als die i. S. d Datenschutzrechts »betroffene Person« darf natürlich alle Informationen selbst an Dritte weitergeben, das ist aber keine Pflicht (s. »informationelle Selbstbestimmung«). Es empfiehlt sich wegen der Gefahr von Stigmatisierung psychisch Erkrankter allerdings, dass Fachkraft und Klientin vorab in Ruhe die Pro- und Kontra-Argumente für eine solche Information durchgesprochen haben.

Der Bezugsbetreuer, hier Herr Kurz, benötigt (Sonderthema Geheimnisschutz nach § 203 StGB vorab prüfen, s. dazu vertiefend S. 64 ff.) eine Befugnis, um Frau Mittelstädts Daten – also auch die Erkrankung – dem Vermieter oder Nachbarn zu kommunizieren. Im Normalfall dürfte dafür die Einwilligung von Frau Mittelstädt nach Art. 6 Abs. 1 lit. a) EU-DSGVO bzw. bei Gesundheitsdaten wie der Tatsache der psychischen Erkrankung nach Art. 9 Abs. 2 lit. a) EU-DSGVO in Betracht kommen (vgl. vertiefend zur Einwilligung S. 44 ff.). Da der Einrichtungsträger als der für die Datenverarbeitung Verantwortliche für die Einwilligung beweispflichtig ist (s. Art. 7 Abs. 1 EU-DSGVO), empfiehlt sich für die Praxis eine schriftliche Einwilligung der Klientin, auch wenn dies nach der EU-DSGVO generell keine Zulässigkeitsvoraussetzung ist.

Grundsätzlich gilt aber auch für die Kommunikation durch die Bezugsbetreuer, dass die Tatsache einer Datenweitergabe in aller Ruhe mit dem Klienten vorab besprochen werden sollte. Die Mitteilung der Erkrankung kann sicherlich dazu beitragen, Verständnis für die Lage und das Verhalten des Klienten im Alltag zu schaffen, gerade wenn sein Verhalten auch »Auffälligkeiten« hat. Andererseits muss die Reaktion des Umfelds abgewogen werden, da die Mitteilung aufgrund von Vorurteilen zur Stigmatisierung der psychisch erkrankten Person führen kann. Die Entscheidung kann daher nur einzelfallbezogen erfolgen.

## Arbeitssituation 3: Materielle Absicherung

Finanziell lebt Frau Mittelstädt bisher überwiegend von Zuwendungen ihrer Eltern. Es gab kurze Episoden, in denen sie gejobbt hat. Doch ihre geringe Konzentrationsfähigkeit verhinderte eine dauerhafte Realisierung ihrer Interessen und Arbeitswünsche. Eine Berufsausbildung hat sie noch nicht gemacht. Einige Male hat sie am Jobcenter vorgesprochen und wollte existenzsichernde Leistungen beantragen. Doch die ersten Angebote zu Maßnahmen und Ausbildungen entsprachen ihr gar nicht. Die Antragsformulare im Jobcenter überforderten sie, sodass sie letztlich nie einen Antrag gestellt hat. Ihre Eltern greifen ihr immer wieder unter die Arme, zumal sie zu Hause mietfrei leben kann und man gemeinsam wartet, dass es ihr wieder besser geht. Ihrer Mutter hilft sie zu Hause, doch dadurch hat Frau Mittelstädt die Besorgung ihrer eigenen Angelegenheiten zunehmend vernachlässigt.

**In dieser Arbeitssituation werden folgende datenschutzrechtliche Problemkomplexe berührt:**

- **Schweigepflicht**
- **Datenschutz und Datenweitergabe bei materieller Absicherung**

- **Datenschutz und Datenweitergabe im Kontakt zu Behörden sowie bei der Klärung von Zuständigkeiten**

Frau Mittelstädt als die i. S. d. Datenschutzrechts »betroffene Person« darf natürlich alle Informationen selbst im Rahmen einer Antragstellung an Sozialleistungsträger, hier dem Jobcenter, weitergeben, das ist aber keine erzwingbare Pflicht (s. »informationelle Selbstbestimmung«). Freilich riskiert sie, wegen mangelnder Mitwirkung nach § 66 SGB I die Leistungsversagung, wenn sie durch ein Antragsformular erfragte Angaben gegenüber der Leistungsbehörde nicht macht.

Bei der Zuständigkeitsklärung i. S. e. Vorabfrage bei Leistungsträgern – beispielsweise, wenn es darum geht, mögliche Leistungen für psychisch erkrankte Klientinnen zur Teilhabe am Arbeitsleben auszuloten – sollte eine Sozialarbeiterin nach dem Prinzip der Datenminimierung (s. Art. 5 Abs. 1 lit. c) EU-DSGVO, s. dazu vertiefend S. 29) tendenziell zurückhaltend mit identifizierenden Angaben umgehen (Kontrollfrage: Warum braucht es den genauen Namen, die genaue Anschrift, das genaue Alter etc., um die Leistungszuständigkeit zu klären?). Verschiedene konkrete Angaben zur Person können auch noch dann gemacht werden, wenn es nicht nur um eine Zuständigkeitsklärung im Vorhinein, sondern um die eigentliche Antragstellung geht. Und selbst wenn die Zuständigkeitsklärung einmal nicht gelungen sein sollte, müssen Sozialleistungsträger nach § 16 Abs. 2 S. 1 SGB I bei Annahme ihrer eigenen Unzuständigkeit den Antrag an den (aus ihrer Sicht) zuständigen Leistungsträger weiterleiten. Das gilt selbst dann, wenn sie einen Antrag für unzulässig oder inhaltlich unbegründet halten (§ 20 Abs. 3 SGB X).

Für Rehabilitanden sieht das Gesetz darüber hinaus sogar vor, dass die Rehabilitationsträger innerhalb von zwei Wochen ihre eigene Zuständigkeit klären und ggf. bei Unzuständigkeit den Antrag weiterleiten müssen. Danach werden sie von Gesetzes wegen zum (zuständigen) leistenden Rehabilitationsträger und müssen sich kümmern, gleich ob sie nach ihren rechtlichen Vorgaben »eigentlich« zuständig wären (§ 14 Abs. 1 und 2 SGB IX). Dies alles mag dazu beitragen, mit einer »entspannten Grundhaltung« auf

Angaben zur Person der Klientin bei Vorabklärungen mit Leistungsträgern so weitgehend als sinnvoll zu verzichten.

Im Falle einer durch das Betreuungsgericht angeordneten rechtlichen Betreuung ist auch vorstellbar, dass der rechtliche Betreuer stellvertretend für den Betreuten den Antrag stellt (s. § 1823 BGB) – auch ohne dessen Zustimmung zum Leistungsantrag. Allerdings ist in Bezug auf ein Stellvertreterhandeln gegen den Willen des Betreuten zu beachten, dass schon eine Betreuerbestellung nicht gegen den »freien Willen« eines Volljährigen erfolgen darf (§ 1814 Abs. 2 BGB) bzw. aufzuheben ist, wenn ihre Voraussetzungen wegfallen (§ 1871 Abs. 1 BGB). Damit stellt sich die Frage, was einen solchen »freien Willen« (gegen eine Betreuung) ausmacht. Der BGH hat dazu Folgendes ausgeführt: »Die beiden entscheidenden Kriterien für das Vorliegen einer solchen freien Willensbestimmung sind dabei die Einsichtsfähigkeit des Betroffenen und dessen Fähigkeit, nach dieser Einsicht zu handeln. Fehlt es an einem dieser beiden Elemente, liegt kein freier, sondern nur ein natürlicher Wille vor. Einsichtsfähigkeit setzt die Fähigkeit des Betroffenen voraus, im Grundsatz die für und wider eine Betreuerbestellung sprechenden Gesichtspunkte zu erkennen und gegeneinander abzuwägen. Dabei dürfen keine überspannten Anforderungen an die Auffassungsgabe des Betroffenen gestellt werden. Auch der an einer Erkrankung im Sinne des § [1814] Abs. 1 BGB leidende Betroffene kann in der Lage sein, einen freien Willen zu bilden und ihn zu äußern. Der Betroffene muss Grund, Bedeutung und Tragweite einer Betreuung intellektuell erfassen können, was denknotwendig voraussetzt, dass der Betroffene seine Defizite im Wesentlichen zutreffend einschätzen und auf der Grundlage dieser Einschätzung die für oder gegen eine Betreuung sprechenden Gesichtspunkte gegeneinander abwägen kann. Ist er zur Bildung eines klaren Urteils hinsichtlich der Problematik der Betreuerbestellung in der Lage, muss ihm weiter möglich sein, nach diesem Urteil zu handeln und sich dabei von den Einflüssen interessierter Dritter abzugrenzen«.[265] Damit ist eine sog. Zwangsbetreuung gegen den erklärten, frei gebildeten Willen eines Menschen nach § 1814 Abs. 2 BGB ausgeschlossen.[266] Wenn er dagegen aufgrund einer Erkrankung oder einer Behinderung seinen

265 BGH v. 18.10.2017 – XII ZB 336/17 – Rn. 14. Das entspricht ständiger Rechtsprechung des BGH. Vgl. auch BGH v. 07.12.2022 – XII ZB 158/21 – juris Rn. 7; BGH v. 31.10.2018 – XII ZB 552/17 – juris Rn. 6.

266 So bereits BayObLG v. 22.05.1996 – 3Z BR 58/96 – juris Rn. 13; OLG Hamm v. 30.08.1994 – 15 W 237/94 – juris Rn. 21.

Willen nicht mehr frei und unbeeinflusst bilden kann – man spricht dann von dem einer Betreuung entgegenstehenden (lediglich) »natürlichen Willen«[267] –, kann unter Wahrung des Verhältnismäßigkeitsgrundsatzes im Einzelfall auch gegen den (natürlichen) Willen eine Betreuung angeordnet werden.[268]

Mithin sollte eine Antragstellung beim Leistungsträger gegen den Willen des Betreuten – auch aus rechtlichen Erwägungen – nur in eng umgrenzten Konstellationen in Betracht gezogen werden, beispielsweise wenn er krankheitsbedingt nicht in der Lage ist, die Notwendigkeit existenzsichernder staatlicher Leistungen einzusehen.

# Arbeitssituation 4: Soziales Netz

Frau Mittelstädt hat neben ihren Eltern noch zwei Brüder, Martin und Herbert, die beide älter sind als sie. Mit Herbert ist der Kontakt deutlich enger und vertrauter. Martin hat bereits seine eigene Familie gegründet und begegnet ihr und ihrer Erkrankung mit der Haltung, dass sie sich zusammenreißen und erwachsen werden solle. Zu ihren ehemaligen Klassenkameraden aus der Fachoberschule hat sie mittlerweile keinen Kontakt mehr. Zu Klassentreffen geht sie nicht, weil sie sich schämt, dass aus ihr »nichts geworden« ist und fast alle anderen eine Ausbildung und einen Beruf sowie feste Partnerschaften haben. Vor zwei Jahren führte sie für ein paar Monate eine Beziehung zu einem gleichaltrigen Mann, den sie in der Klinik kennengelernt hatte. Er beendete die Beziehung. Sie trauert ihm immer noch nach. Freundinnen, die sie früher hatte, zogen sich nach und nach zurück, weil sie nicht einschätzen konnten, was mit ihr los war, und sie selbst auch den Kontakt zunehmend mied. Sie weiß nicht, wie sie Kontakt wieder aufnehmen soll, und will dies mit ihrem Sozialarbeiter Herrn Kurz besprechen. Er wurde bei einem Hausbesuch bei Frau Mittelstädt von einer Nachbarin angesprochen, warum er denn regelmäßig zu Besuchen käme. Sie habe bemerkt, dass sein Auto mit dem Logo des Einrichtungs-

267 Vgl. BGH v. 07.12.2022 – XII ZB 158/21 – juris Rn. 7.

268 Vgl. die Begründung des Entwurfs eines Gesetzes zur Reform des Vormundschafts- und Betreuungsrechts, BT-Drs. 19/24445, S. 250 zu § 1821. So auch bereits die seinerzeitige Begründung des Gesetzgebers zum Betreuungsrechtsänderungsgesetz, BT-Drs. 15/2494, S. 28. Ähnlich auch OLG Frankfurt v. 13.02.2006 – 20 W 379/05 – juris Rn. 8.

trägers öfter auf der Straße stünde. Mittlerweile hat Frau Mittelstädt einige Kontakte zu Mitpatientinnen und Mitpatienten aus der Klinik, zu denen sie auch Kontakt über die sozialen Netzwerke hält.

**In dieser Arbeitssituation werden folgende datenschutzrechtliche Problemkomplexe berührt:**

- **Schweigepflicht**
- **Datenschutz und Datenweitergabe im sozialen Netz von Bezugspersonen als Ressource für Unterstützung**
- **Datenweitergabe und Datenschutz in den sozialen Netzwerken**

Frau Mittelstädt als die i. S. d. Datenschutzrechts »betroffene Person« darf selbstverständlich alle Informationen in dem von ihr gewünschten Rahmen an ihr soziales Umfeld weitergeben, das ist aber wiederum keine Pflicht (s. »informationelle Selbstbestimmung«). Auch wenn Freunde und Angehörige nachhaltig um Informationen ersuchen, entscheidet allein die volljährige Klientin, welche personenbezogenen Informationen sie mit ihrem sozialen Umfeld teilen möchte. (Eine ausnahmsweise Möglichkeit zur Weitergabe solcher Informationen kann aus der Stellung eines Angehörigen als gesetzlichem Betreuer für Gesundheitsangelegenheiten folgen, sofern er eine Information benötigt, um seiner Aufgabe als Betreuer nachkommen zu können.)

Eine Datenverarbeitung i. S. e. Übermittlung (losgelöst vom vorab zu prüfenden § 203 StGB; s. dazu vertiefend S. 64 ff.) durch den Bezugsbetreuer gegenüber anderen, wie Familie oder Freunden der Klientin, wird somit im Regelfall nur mit ihrer Einwilligung zulässig sein (Art. 6 Abs. 1 S. 1 lit. a) EU-DSGVO bzw. Art. 9 Abs. 2 lit. a) EU-DSGVO; s. vertiefend zur Einwilligung S. 44 ff.).

Wenn Frau Mittelstädt Daten – auch mit Bezug auf ihre Erkrankung – selbst in öffentlich einsehbaren sozialen Netzwerken o. Ä. veröffentlicht, sollte ihr bewusst sein, dass eine (Weiter-)Verarbeitung dieser Daten nach

Art. 9 Abs. 2 lit. e) EU-DSGVO zulässig ist. Denn mit dem eigenen Veröffentlichen personenbezogener Daten hat die betroffene Person gleichsam auf den Schutz dieser Daten verzichtet (s. auch Arbeitssituation Nr. 9).

## Arbeitssituation 5: Ausbildung, Arbeit, Beschäftigung

Nach dem bestandenen Fachabitur nahm Frau Mittelstädt verschiedene Anläufe, ein Arbeitsverhältnis aufzunehmen, das aber nie von Dauer war. Auch wusste sie die ganze Zeit nie genau, was sie einmal lernen wollte bzw. was ihr liegen könnte. Zu Hause half sie im Haushalt mit und dachte, dass es ihr mit der Zeit besser gehen würde. Die Hoffnung, dass sie in diesem Schonraum gesunden könnte, erfüllte sich jedoch nicht. Im Gegenteil, mittlerweile kann sie gar nicht mehr einschätzen, wozu sie noch fähig ist. Sie möchte gerne eine geringfügige Beschäftigung ausprobieren. Doch was soll sie einem möglichen Arbeitgeber sagen? Vielleicht könnte sie aber auch eine berufliche Reha-Maßnahme machen? Oder soll sie sich gleich einen Ausbildungsplatz suchen? Diese Fragen bringt sie in einem Einzelgespräch mit Herrn Kurz ein. Er überlegt mit ihr, dass der erste Schritt sein könnte, überhaupt ein Gefühl für ihre Interessen entwickeln zu können. Das ließe sich mithilfe einer Berufsorientierungsmaßnahme im Rahmen einer beruflichen Rehabilitation verwirklichen. Dazu müsste ein entsprechender Reha-Antrag (Teilhabe am Arbeitsleben) beim zuständigen Sozialleistungsträger gestellt werden.

**In dieser Arbeitssituation werden folgende datenschutzrechtliche Problemkomplexe berührt:**

- **Schweigepflicht**
- **Datenschutz und Datenweitergabe bei der Einschätzung von Erwerbsfähigkeit und beruflichen Rehabilitationsmöglichkeiten sowie im Kontakt mit Arbeitgebern**
- **Datenaustausch mit weiteren (zukünftigen oder schon bestehenden) sozialen Dienstleistern**

Der Antrag beim Rehabilitationsträger auf Leistungen zur medizinischen Rehabilitation (einschließlich Belastungserprobung oder Arbeitstherapie nach § 42 Abs. 2 Nr. 7 SGB IX) oder auf Leistungen zur Teilhabe am Arbeitsleben betrifft die Datenerhebung durch den für die spezifische Leistung zuständigen Sozialleistungsträger (s. zur Zulässigkeit der Datenverarbeitung in entsprechenden Verwaltungsverfahren durch Sozialbehörden bereits oben in Arbeitssituation 1 auf S. 90).

Gespräche des Sozialarbeiters mit potenziellen Arbeitgebern von Frau Mittelstädt zum Zweck der »Auslotung« eines Beschäftigungsverhältnisses erfordern eine Einwilligung der Klientin, um personenbezogene Daten weitergeben zu können (Art. 6 Abs. 1 S. 1 lit. a) EU-DSGVO bzw. bei Gesundheitsdaten sowie der Tatsache der psychischen Erkrankung nach Art. 9 Abs. 2 lit. a) EU-DSGVO; vgl. vertiefend zur Einwilligung S. 44 ff.). Eine für die Versorgung im Sozialbereich erforderliche und nach Art. 9 Abs. 2 lit. h) EU-DSGVO zulässige Datenverarbeitung mag man hier ebenfalls erwägen, diese sollte aber eher nicht als Rechtsgrundlage herangezogen werden. Denn dann sind auch die besonders starken Anforderungen an die Person des Datenverarbeitenden nach Art. 9 Abs. 3 EU-DSGVO zu erfüllen und gerade im sensiblen Bereich des Arbeitgeberkontakts kann die Datenübermittlung aufgrund einer Einwilligung Vorteile für die Beziehungsarbeit mit der Klientin haben.

Ob Frau Mittelstädt selbst potenziellen Arbeitgebern im Bewerbungsverfahren Informationen über ihren Gesundheitszustand gibt, ist ihre Entscheidung. Eine Offenbarungspflicht besteht nur, wenn sie aufgrund der Erkrankung absehbar völlig außerstande zur im Arbeitsverhältnis geschuldeten Arbeitsleistung wäre. Der Bezugsbetreuer und die Klientin sollten daher im Vorfeld überlegt abwägen, was in Bewerbungsverfahren gesagt werden kann, beispielsweise wenn die durch die Krankenhausaufenthalte von Frau Mittelstädt resultierenden Lücken im Lebenslauf thematisiert werden. Dabei gilt, dass Arbeitgeber niemanden wegen einer Behinderung im Bewerbungsverfahren diskriminieren dürfen (§ 7 Abs. 1, § 6 Abs. 1 S. 2, § 1, § 2 Abs. 1 Nr. 1 Allgemeines Gleichbehandlungsgesetz).

# Arbeitssituation 6: Kulturelle Teilhabe

Unter kultureller Teilhabe wird hier in Anlehnung an Walther & Deimel (2022, S. 59) die potenzielle Partizipation an Mobilität (ÖPNV), Digitalisierung, Freizeitangeboten, staatsbürgerlichen Aktivitäten, Kulturveranstaltungen, Sport, Kommunikation, somatischer Gesundheitsversorgung verstanden.

Frau Mittelstädt möchte gerne eine seit Jahren aufgeschobene allgemeine Vorsorgeuntersuchung bei einem Hausarzt vornehmen lassen und selbst festgestellte häufige Blutdruckschwankungen abklären lassen. Einen Hausarzt hat sie seit Jahren nicht mehr aufgesucht. Sie muss sich erst wieder einen suchen. Herr Kurz hilft ihr, einen Hausarzt zu finden, und empfiehlt ihr, dass sie ihre Psychiaterin Frau Herder bittet, dem Hausarzt medizinische Unterlagen zur Verfügung zu stellen. Frau Mittelstädt überlegt sich weiter, ob sie einen Schwerbehindertenausweis beantragen soll, um damit Ermäßigungen bei Eintritten im Kino oder bei Konzerten zu erhalten. Da sie wenig Geld zur Verfügung hat, wäre eine Freifahrt im Nahverkehr über den Schwerbehindertenausweis sehr attraktiv. Sie fragt sich, ob so ein Ausweis vielleicht aber auch ihren beruflichen Beschäftigungsplänen im Weg stehen könnte. Das Für und Wider eines Schwerbehindertenausweises will sie mit Herrn Kurz besprechen. Ergebnis des Gesprächs ist, dass sie beim Versorgungsamt einen Antrag stellen will. Noch nicht absehbar ist, ob sie auch eins der Merkzeichen im Ausweis erhält, das zu einer freien Fahrt im Nahverkehr berechtigt.

**In dieser Arbeitssituation werden folgende datenschutzrechtliche Problemkomplexe berührt:**

- **Antragstellung auf soziale Teilhabe**
- **Datenweitergabe von behandelnder Psychiaterin zu Hausarzt und somatischen Fachärzten**

Der Antrag auf Leistungen zur sozialen Teilhabe betrifft die Datenerhebung durch den für die spezifische Leistung zuständigen Sozialleistungsträger (s. zur Zulässigkeit der Datenverarbeitung in entsprechenden Verwaltungsverfahren durch Sozialbehörden bereits oben in Arbeitssituation 1 auf S. 90).

Behandelnde Ärzte und Psychiaterinnen dürfen für sich selbst diejenigen Daten erheben, die für die Behandlung notwendig sind (Art. 9 Abs. 2 lit. h) EU-DSGVO i. V. m. § 22 Abs. 1 Nr. 1 lit. b) BDSG). Darüber hinaus sind sie auch berufsrechtlich zur Dokumentation der Behandlung verpflichtet. Denn neben der Gedächtnisstütze für die Behandlung dient eine solche Dokumentation auch dem Patienteninteresse, wenn ein Behandlungsfehler im Raum steht und dieser nachgewiesen werden muss.

Vor der Weiterleitung von Behandlungsdaten ist zunächst immer zu prüfen, ob der strafrechtliche Schutz gegen die Verletzung von Privatgeheimnissen nach § 203 StGB einer solchen Übermittlung entgegensteht. Denn der strafrechtliche Schutz geht dem datenschutzrechtlichen vor (vgl. vertiefend zum strafrechtlichen Schutz S. 66 ff.). Wenn der Klient allerdings selbst die Behandlung durch einen anderen, von ihm bestimmten (Fach-) Arzt möchte, ist von einer Rechtfertigung der Datenübermittlung auszugehen. Dieses Verlangen sollte zumindest dokumentiert werden; die »sichere Variante« wäre es sogar, eine schriftliche – und damit beweisbare – Einwilligung einzuholen. Das Ganze würde dann auch für die zukünftige Kooperation zwischen der behandelnden Psychiaterin von Frau Mittelstädt und ihrem zukünftigen Hausarzt gelten. Die Übermittlung an den anderen Behandler umfasst dann aber i. d. R. nicht die komplette Patientenakte, sondern nur die Umstände, welche für die Weiterbehandlung durch den neuen Hausarzt relevant sind.

## Arbeitssituation 7: Krisenintervention

Frau Mittelstädt hat in ihrem Krankheitsverlauf schon viele Höhen und Tiefen durchgemacht. Wenn sie eher manisch wird, läuft sie Gefahr, deutlich mehr Geld auszugeben, als sie hat. Bisher haben ihre Eltern ihr dann ausgeholfen. In der Phase hat sie das Gefühl, ihre Medikamente nicht mehr zu brauchen, weil sie sich so vital wie schon lange nicht mehr fühlt. Sie setzt dann die Medikamente abrupt ab. Einmal endete diese Vorgehensweise mit einer Zwangseinweisung, weil sie sich auf einer zweispurigen Straße dem Verkehr entgegenstellte. Als sie von der Polizei aufgegriffen wurde, war sie sehr verwirrt. Sie hat auch Erfahrungen mit depressiven Krisen, in denen sie Selbstmordgedanken quälen. Einmal stand sie mit entsprechender Absicht auf einer Brücke und wurde aufgegriffen. Daraus resultierte ihre zweite Zwangseinweisung. Mit Herrn Kurz überlegt sie, wie sie in Zukunft Zwangseinweisungen vermeiden kann und eine Absprache über rechtzeitige freiwillige Klinikaufenthalte treffen kann. Darüber hinaus besprechen beide, ob eine gesetzliche Betreuung in Vermögensfragen oder für den Bereich ärztliche Behandlung sinnvoll wäre.

**In dieser Arbeitssituation werden folgende datenschutzrechtliche Problemkomplexe berührt:**

- **Vorsorge in »guten Zeiten« für eine krisenhafte Situation:Wer kann bzw. muss auf welcher Grundlage informiert werden, wenn die Krise eintritt?**
- **Welche Grenzen bestehen im Informationsaustausch zwischen einem Leistungserbringer mit der gesetzlichen Betreuerin?**
- **Wie sind die Informationsverpflichtung und der Datenschutz bei Selbst- und Fremdgefährdung?**
- **Welche Informationen dürfen an die Polizei gehen?**

Es empfiehlt sich allgemein und damit auch bei Frau Mittelstädt, in sog. »guten Zeiten« eine Absprache zu treffen, wer unter welchen Voraussetzungen bzw. bei Vorliegen einer krisenhaften Situation informiert werden darf. Mit der Maßgabe, dass diese Situation klar beschrieben und die Informationsempfänger im Vorfeld benannt sind, kann darin eine datenschutzrechtliche Einwilligung gesehen werden (Art. 6 Abs. 1 lit a), Art. 9 Abs. 2 lit. a) EU-DSGVO; vgl. vertiefend zur Einwilligung S. 44 ff.).

Des Weiteren stellt sich die Frage, was in krisenhaften Situationen ohne eine solche Absprache zulässig ist. Bei akuter Selbstgefährdung deutet sich in der Rechtswissenschaft ein Paradigmenwechsel an. Während in früheren Zeiten ein Selbsttötungsentschluss immer als mit »Krankheitswert« behaftet und daher als rechtlich unbeachtlich angesehen worden ist, geht die jüngere Rechtsprechung davon aus, dass es bei Volljährigen einen frei gebildeten Selbsttötungsentschluss im Einzelfall geben kann, der dann sogar von Menschen, denen eine strafrechtliche Garantenstellung zukommt[269], zu beachten ist. Mithin bestünde dann keine Verpflichtung mehr, jemanden zu retten, der freiwillig aus dem Leben scheiden möchte.[270] Ohne eine Erklärung zur freien Entscheidung für den Suizid bzw. bei berechtigten Zweifeln an der Freiverantwortlichkeit der Entscheidung ist vertretbar von einer mutmaßlichen Einwilligung nach Art. 9 Abs. 2 lit. c) EU-DSGVO in die Weiterleitung der Information über den Zustand des Klienten an Rettungsdienst oder Polizei auszugehen (s. dazu vertiefend S. 51 f.).

Liegt eine Fremdgefährdung vor, so ist eine Verletzung von Privatgeheimnissen nach § 203 StGB ggf. durch einen rechtfertigenden Notstand nach § 34 StGB zulässig. Es muss dafür eine gegenwärtige Gefahr für ein den Geheimnisschutz wesentlich überwiegendes Rechtsgut bestehen und die Notstandslage nur durch den Bruch der Schweigepflicht abzuwenden sein. Konkret bedeutet dies beispielsweise, dass eine akute wahnhafte Störung gegenüber der Polizei oder der für die Durchführung des Unterbringungsverfahrens bei Fremdgefährdung nach dem Psychisch-Kranken-Gesetzen der Länder zuständigen Behörde[271] kommuniziert werden darf, wenn

269 In der Rechtsprechung ist eine sog. Garantenstellung beispielsweise für Mitarbeiterinnen des Jugendamtes anerkannt, die mit der Übernahme der Betreuung einer Familie auch eine Schutzpflicht als sog. Beschützergaranten für die mitbetreuten Kinder übernehmen – auch vor rechtsgutsverletzendem Verhalten der Eltern (OLG Stuttgart v. 28.05.1998 – 1 Ws 78/98 – juris Rn. 14). Im vorliegenden Zusammenhang wäre zu erwägen, ob eine ähnliche Verpflichtung den Sozialarbeiter treffen kann, der einen suizidären Klienten betreut, welchem krankheitsbedingt keine freie Willensbildung möglich ist (vgl. für die Entstehung einer Garantenpflicht bei Übernahme einer ärztlichen Behandlung eines suizidären Patienten: BGH v. 18.07.1978 – 1 StR 209/78 – juris Rn. 9; LG Gießen v. 28.06.2012 – 7 Qs 63/12 – juris Rn. 8).

270 So hat der BGH einen behandelnden Hausarzt vom Vorwurf der Tötung durch Unterlassen freigesprochen, weil seine Garantenstellung als Behandler – und damit seine Lebensrettungspflicht – endete, als seine Patientin einen freien Suizidwillen ausgesprochen und ihn gebeten hatte, sie nach ihrer Tabletteneinnahme nicht zu retten, sondern den Sterbeprozess zu begleiten (vgl. BGH v. 03.07.2019 – 5 StR 393/18).

271 Für die sofortige vorläufige Unterbringung ist in Bayern z. B. die Kreisverwaltungsbehörde zuständig (Art. 11 BayPsychKHG). Im »regulären« Verfahren ist sie ebenfalls dafür zuständig, die Unterbringungsvoraussetzungen zu prüfen und ggf. einen entsprechenden Antrag an das für die Anordnung der Unterbringung zuständige Gericht zu richten (Art. 15 Abs. 1 BayPsychKHG). Das ist das Amtsgericht, in dessen Bezirk das Bedürfnis für die Unterbringung hervortritt (§§ 312 Nr. 4, 313

Anhaltspunkte dafür bestehen, der erkrankte Mensch werde zeitnah gegenüber Dritten gewalttätig werden.[272] In der praktischen Arbeit wird sich dabei insbesondere die Gegenwärtigkeit einer Gefährdung für Leib und Leben Dritter als Herausforderung darstellen. Wenn diese zu bejahen ist, ist das Überwiegen der Rechtsgüter »Leib und Leben« gegenüber dem Interesse an der durch § 203 StGB geschützten Vertrauensbeziehung regelmäßig gegeben.

Wenn eine rechtliche Betreuung nach § 1814 BGB für den Bereich der Gesundheitssorge angeordnet worden ist, darf der Betreuer über Fragen der gesundheitlichen Lage informiert werden. Denn die Aufgabe des Betreuers ist es, den Betreuten zu unterstützen, um seine Rechte als Klient ausüben und eine eigene Entscheidung über die Einwilligung in eine ärztliche Maßnahme treffen zu können. Solange der Klient noch einwilligungsfähig ist, kommt es aber allein auf dessen Einwilligung an. Die Einwilligung eines Betreuers als Vertreter des Klienten ist erst dann rechtlich erheblich und zulässig, wenn der Klient in der konkreten Situation selbst nicht einwilligungsfähig ist.[273] Sofern es sich um eine sog. ärztliche Zwangsmaßnahme handelt – also eine Untersuchung, eine Heilbehandlung oder ein ärztlicher Eingriff gegen den natürlichen Willen des Betreuten –, müssen für die rechtliche Zulässigkeit die Voraussetzungen nach § 1832 Abs. 1 BGB erfüllt sein und außerdem bedarf die Einwilligung des Betreuers in die Maßnahme gemäß § 1832 Abs. 2 BGB der Genehmigung des Betreuungsgerichts. Dies wird beispielsweise bei der Behandlung mit Psychopharmaka gegen den Willen des Klienten relevant, bei der insbesondere die Prüfung des deutlichen Überwiegens des Nutzens der ärztlichen Maßnahmen gegenüber den zu erwartenden Beeinträchtigungen (s. § 1832 Abs. 1 Nr. 6 BGB) besondere Beachtung verdient. Die Rechtsprechung hat in der Vergangenheit etwa die Genehmigung der längerfristigen Behandlung einer psychotischen Patientin mit Neuroleptika wegen der Gefahr von Spätfolgen (Parkinsonoid und Spätdyskinesien) im Abgleich mit dem aus ihrer Vorgeschichte zu erwartenden Ausbleiben von Heilung oder nur einer

Abs. 3 FamFG).

272 Grundlegend zur Frage der rechtfertigenden Abwägung bei der Verletzung von Privatgeheimnissen sind die Ausführungen des OLG Frankfurt, das es als gerechtfertigt ansah, dass ein Hausarzt die Partnerin eines an HIV erkrankten Patienten über dessen Erkrankung informierte (OLG Frankfurt v. 08.07.1999 – 8 U 67/99 – juris Rn. 21).

273 So ausdrücklich *Lipp* (2016): Der rechtliche Schutz vulnerabler Patienten – Zum Zusammenspiel von Erwachsenenschutzrecht und Medizinrecht, MedR, S. 843 u. 846 f.

Besserung des Gesundheitszustands abgelehnt.[274] Wenn Folge der Zwangsbehandlung das mehr als vernachlässigbare Restrisiko irreversibler Gesundheitsschäden ist, ist eine Zwangsbehandlung im Regelfall unzulässig.[275]

## Arbeitssituation 8: Vertrauliche Informationen im Einzelgespräch

Nach einem Jahr hat Frau Mittelstädt einen guten Draht zu ihrem Bezugsbetreuer Herrn Kurz aufgebaut. Sie vertraut ihm. Bei einem Einzelgespräch erzählt sie ihm, dass sie manchmal einen Joint raucht. Das würde ihr guttun und ihr für eine Zeit ein glückliches Gefühl geben. In letzter Zeit habe sie auch die Medikamente um die Hälfte reduziert. Das habe sie ihm im Vertrauen gesagt und sie will nicht, dass er es im Team den anderen Betreuerinnen und Betreuern oder der behandelnden Psychiaterin Frau Herder weitererzählt.

**In dieser Arbeitssituation werden folgende datenschutzrechtliche Problemkomplexe berührt:**

- **Umgang mit »sensiblen«, für die soziale Betreuung und Beratung relevanten Informationen im Einzelgespräch**

Bei »sensiblen« Informationen stellt sich die Frage nach der Rechtfertigung eines Übermittelns der Information, z. B. an andere Teammitglieder oder an behandelnde Psychiater. Häufig wird es hier um Geheimnisse i. S. v. § 203 StGB gehen, weil die mitgeteilte Information nur einem sehr kleinen Personenkreis bekannt ist und in der Erwartung mitgeteilt worden ist, dass sie geheim bleibt. Es bedarf somit einer Rechtfertigung für das Weitergeben des Geheimnisses, wenn man wie z. B. eine Sozialarbeiterin in den persönlichen Anwendungsbereich des § 203 StGB fällt. Nur sehr wenige ge-

274 Vgl. LG Berlin v. 05.11.1992 – 83 T 423/92, juris.
275 Vgl. BVerfG v. 23.03.2011 – 2 BvR 882/09 – juris Rn. 61.

plante Straftaten verpflichten nach § 138 StGB zur Anzeige. Dazu würde beispielsweise die aufgrund einer wahnhaften Störung beabsichtigte Tötung eines Nebenbuhlers gehören. Zahlreiche der vom Gesetz vorgesehenen Straftaten werden im vorliegenden Zusammenhang aber nicht relevant werden (z. B. Hoch- oder Landesverrat), allenfalls könnte man – neben den bereits angesprochenen Tötungsdelikten – in speziellen Kontexten mit geplanten Straftaten einer Brandstiftung, eines Menschenraubs, einer Geiselnahme, eines Raubs oder einer räuberischen Erpressung konfrontiert werden. Der Drogenkonsum ist jedenfalls keine zwingend anzuzeigende Straftat, nicht einmal der Drogenhandel. Dies ist auch folgerichtig, weil der Schaden auf der Beziehungsebene zu Frau Mittelstädt wahrscheinlich irreparabel wäre, wenn das Bekenntnis, gelegentlich einen Joint zu rauchen, die Weiterleitung durch den Bezugsbetreuer Herrn Kurz an die Strafverfolgungsbehörden bewirken würde.

Wenn Frau Mittelstädt mitteilt, dass sie eigenmächtig die Medikation herabgesetzt hat, fragt sich ebenfalls, wie mit dieser Information umgegangen werden kann. Wenn sie sich dem Hinweis verschließt, dass dies ohne ärztliche Begleitung aus medizinischen Gründen nicht gemacht werden sollte, könnte Herr Kurz erwägen, die behandelnde Psychiaterin zu informieren. Dies ist sicherlich ebenfalls für die Beziehungsarbeit eine erhebliche Belastung. Im Unterschied zur bereits behandelten Konstellation des Joint-Rauchens können bei der Dosisreduzierung aber konkrete Gefährdungssituationen eintreten, sei es für Frau Mittelstädt selbst (z. B. Symptomverstärkung, Rückfallgefahr) oder für andere (z. B. bei im Einzelfall krankheitsbedingt möglicher Gewalttätigkeit). Daher ist über eine Rechtfertigung des Geheimnisbruchs nachzudenken. Bei der Selbstgefährdung stellt sich allerdings die Frage, inwiefern diese vom freien Willensentschluss getragen ist, sodass dies in dem Fall hingenommen werden müsste. Sofern jedoch andere Menschen aufgrund der Medikamentenreduzierung gefährdet werden, kommt eine Rechtfertigung des Geheimnisbruchs nach § 34 StGB in Betracht. Dies erfordert eine gegenwärtige, nicht anders abwendbare Gefahr für Leben, Leib, Freiheit, Ehre, Eigentum oder ein anderes Rechtsgut eines anderen sowie ferner ein wesentliches Überwiegen des zu schützenden Interesses gegenüber dem beeinträchtigten Geheimhaltungsinteresse, insbesondere auch in Anbetracht des Grades der drohenden Gefahr. Man wird somit beispielsweise eine Rechtfertigung der Weitergabe der Information über die Medikationsreduktion in Abhängigkeit des aktuellen Verhaltens annehmen können, wenn z. B. ein Klient mit wahnhaften Störungen Gewaltbereitschaft andeutet, androht oder zeigt. In jedem Fall ist aber unabhängig von der Frage, ob die behandelnde Psychiaterin informiert wird, das Gespräch mit Frau Mittelstädt zu suchen, um sie über die Möglichkeit der ärztlich begleiteten Minimalisierung oder Reduktion von Psychopharmaka zu informieren.

## Arbeitssituation 9: Umgang mit Social Media

Als ihr Bezugsbetreuer Herr Kurz im Urlaub ist, erhält Frau Mittelstädt eine Urlaubsvertretung durch Frau Hartwig. Beide kennen sich zwar nur vom Sehen aber Frau Mittelstädt kommt mit ihr gut klar. Die Betreuungstermine macht sie mit Frau Hartwig über einen Messengerdienst aus.

**In dieser Arbeitssituation werden folgende datenschutzrechtliche Problemkomplexe berührt:**

- **Kommunikation über Messengerdienste**
- **Erhalt von Informationen aus Social-Media-Gruppen, die der Bezugsbetreuer bestimmten Klienten zuordnen kann**

Eine Nutzung der sozialen Netzwerke für den Kontakt zwischen Klientin und Sozialarbeiterin wird datenschutzrechtlich überwiegend sehr kritisch gesehen.[276] Die Kritik setzt bei der Tatsache an, dass wesentliche Anbieter solcher Apps an Orten außerhalb des Geltungsbereichs der EU-DSGVO ihren Sitz haben und es daher regelmäßig zu Problemen kommt, wenn datenschutzrechtliche Verpflichtungen erfüllt werden sollen. Ein weiterer

276 Vgl. beispielsweise Der Bundesbeauftragte für den Datenschutz und die Informationsfreiheit, 27. Tätigkeitsbericht 2017–2018, S. 108 f., erhältlich unter: https://www.bfdi.bund.de/SharedDocs/Downloads/DE/Taetigkeitsberichte/27TB_17_18.html (04.07.2023) oder Bayerisches Landesamt für Datenschutzaufsicht, 8. Tätigkeitsbericht 2017/2018, S. 60 unter 8.6, erhältlich unter https://www.lda.bayern.de/media/baylda_report_08.pdf (04.07.2023).

wichtiger Kritikpunkt betrifft die Wahrung der Vertraulichkeit der Kommunikation. Das Spektrum der vertretenen Auffassungen reicht insofern von der Einhaltung der wichtigsten Bedingungen durch die technisch vorgesehene Ende-zu-Ende-Verschlüsselung der Nachrichten bis hin zu großen Bedenken aufgrund unverschlüsselter Speicherung auf dem Endgerät und in Cloud-Backups. Schließlich wird kritisiert, dass i. d. R. die Kontaktdaten aus dem Adressbuch des nutzenden Smartphones an WhatsApp übermittelt werden, auch ohne dass diese Kontakte ihre Einwilligung zur Weiterleitung gegeben haben.[277] Einzelmeinungen halten WhatsApp aber auch unter bestimmten Voraussetzungen für datenschutzkonform einsetzbar, nämlich wenn (1) rein dienstliche Mobiltelefone verwendet werden, (2) dabei ein Adressbuch zum Einsatz kommt, das nur eingewilligte WhatsApp-Kontakte beinhaltet oder dessen Adressbuch für WhatsApp gesperrt ist, (3) Cloud-Backups deaktiviert sind, (4) Chat-Anhänge nicht in der Mediathek des Telefons gespeichert werden und andere Apps darauf keinen Zugriff haben und schließlich (5) das Telefon durch eine Zugriffssperre und Verschlüsselung ausreichend abgesichert ist.[278] Freilich ist damit das Problem nicht ausgestanden, dass WhatsApp bei jeder Versendung von Nachrichten bestimmte Metadaten generiert, welche an den Mutterkonzern von WhatsApp gehen.[279] Wenn ein Leistungserbringer allerdings die Möglichkeiten von Social Media nutzen möchte, sollte er seine Beschäftigten dadurch schützen, dass er entsprechend eingerichtete Diensthandys zur Verfügung stellt.

## Arbeitssituation 10: Bildrechte

Im Sommer nimmt Frau Mittelstädt an der Zwanzigjahrfeier des Einrichtungsträgers teil. Dabei werden viele Fotos gemacht. Unter anderem ist sie auf zwei Fotos zu sehen, die im folgenden Jahresbericht abgedruckt sind.

277 Vgl. ausführlich *Pehl; Knödler*, a. a. O. (Fußn. 11), S. 169–200 unter 2. Mit dem Ergebnis einer Unzulässigkeit der Nutzung von WhatsApp und der Zulässigkeit der Nutzung von Threema.

278 Vgl. Der Landesbeauftragte für den Datenschutz und die Informationsfreiheit Rheinland-Pfalz, Stichwort WhatsApp, erhältlich unter: https://www.datenschutz.rlp.de/de/themenfelder-themen/whatsapp/ (04.07.2023).

279 Vgl. das entsprechende Rundschreiben zu WhatsApp des Bundesbeauftragten für den Datenschutz und die Informationsfreiheit vom 14.04.2020 an alle Bundesministerien und obersten Bundesbehörden, erhältlich unter: https://www.bfdi.bund.de/SharedDocs/Downloads/DE/DokumenteBfDI/Rundschreiben/Allgemein/2020/Rundschreiben-Nutzung-WhatsApp.html (04.07.2023).

**In dieser Arbeitssituation werden folgende datenschutzrechtliche Problemkomplexe berührt:**

- **Bildrechte und Veröffentlichung auf der Homepage, in Flyern und in Jahresberichten**
- **Berichte im Internet**

**Anwendungsbereich des Datenschutzrechts:** Das Fotografieren eines Menschen fällt im Normalfall unter die EU-DSGVO. Etwas anderes würde allerdings gelten, wenn die fotografierte Person nicht »identifizierbar« wäre und es sich damit bei dem Foto nicht mehr um personenbezogene Daten handelt (Art. 4 Nr. 1 EU-DSGVO). Zumindest das erkennbare Gesicht, ggf. aber auch bestimmte körperliche Besonderheiten führen jedoch zu dieser Erkennbarkeit, vorausgesetzt die Qualität des Fotos ist hinreichend. Es spielt insofern auch keine Rolle, ob die abgebildete Person in Relation zum Rest des Fotos wie z. B. einem Gebäude oder einer Landschaft nur »Beiwerk« darstellt – das ist allenfalls, dazu noch später, bei der Abwägung der Zulässigkeit der Veröffentlichung nach § 23 Abs. 1 Nr. 2 Kunsturhebergesetz (KunstUrhG) relevant.[280] Des Weiteren wird heutzutage fast ausschließlich digital fotografiert, sodass es sich auch um eine automatisierte Verarbeitung personenbezogener Daten handelt (§ 2 Abs. 1 EU-DSGVO). Schließlich entfällt die Anwendbarkeit der EU-DSGVO aber, wenn es um eine Fotografie »zur Ausübung ausschließlich persönlicher oder familiärer Tätigkeiten« geht (Art. 2 Abs. 2 lit. c) EU-DSGVO, sog. Haushaltsprivileg[281]). Das kommt beispielsweise zum Tragen, wenn Bewohner einer Wohngruppe einander fotografieren. Das Haushaltsprivileg gilt sogar dann, wenn die Fotos untereinander in einer vor unberechtigtem Zugriff geschützten Social-Media-Gruppe geteilt werden (s. Erwägungsgrund 18 Satz 2 der EU-DSGVO).

**Rechtfertigung für das Fotografieren an sich:** Damit braucht man bereits für das Fotografieren – und nicht erst für das Verbreiten eines Fotos – i. d. R. einen datenschutzrechtlichen Rechtfertigungsgrund nach

280 Der vollständige Name dieses Gesetzes lautet: Gesetz betreffend das Urheberrecht an Werken der bildenden Künste und der Photographie.

281 Vgl. dazu vertiefend *Golland* (2020): Die »private« Datenverarbeitung im Internet, ZD, S. 397 f.

der EU-DSGVO. Praktisch spielen für soziale Einrichtungen insbesondere zwei Tatbestände eine Rolle: zum einen die Einwilligung des Fotografierten nach Art. 6 Abs. 1 lit. a) EU-DSGVO (oder ggf. Art. 9 Abs. 2 lit. a) EU-DSGVO) und zum anderen Art. 6 Abs. 1 lit. f) EU-DSGVO. Letzterer macht die Zulässigkeit der Datenverarbeitung abhängig von der Erforderlichkeit zur Wahrung eines berechtigten Interesses des Verantwortlichen und dem Überwiegen dieses Interesses gegenüber den Interessen, Grundrechten und Grundfreiheiten der fotografierten Person als der datenschutzrechtlich Betroffenen.

Wenn es um einen kleinen Personenkreis Fotografierter geht oder man im Vorfeld bereits geplant hat, welche Fotos man veröffentlichen möchte, kann man mithin die Fotografierten um ihre Einwilligung bitten. So könnte man Frau Mittelstädt um ihre Einwilligung bitten, da sie in der Einrichtung wohnt und daher vor der Erstellung und Verbreitung des Jahresberichts leicht angesprochen werden kann. Da man für die Tatsache der Einwilligung beweispflichtig ist (Art. 7 Abs. 1 EU-DSGVO), empfiehlt sich eine schriftliche Einwilligungserklärung. Dagegen dürfte es bei größeren Veranstaltungen keine praktisch sinnvolle Option sein, von allen Anwesenden eine schriftliche Einwilligungserklärung einzuholen. Es erscheint allerdings vertretbar, dass man am Eingang einen deutlich sichtbaren Hinweis anbringt, dass mit dem Eintreten die Einwilligung zum Fotografiertwerden – und ggf. zur Veröffentlichung in einem bestimmten, benannten Medium – erklärt wird. Damit dürfte die nach Art. 4 Nr. 11 EU-DSGVO für eine wirksame Einwilligung erforderliche »eindeutig bestätigende Handlung« gegeben sein (= das Eintreten in die Veranstaltungsräume). Eine Einwilligung in die Fotografie wird man ebenfalls annehmen können, wenn die fotografierte Person gleichsam »posiert« und in die Kamera lächelt.

Darüber hinaus kann man bei Veranstaltungen, Festen o. Ä. einer sozialpsychiatrischen Einrichtung auch ein »berechtigtes Interesse« der Fotografin an der Dokumentation des von der Einrichtung durchgeführten Events annehmen, welches das Interesse und die Grundrechte der Fotografierten übersteigt (s. Art. 6 Abs. 1 lit. f) EU-DSGVO). Dafür spricht insbesondere der Kontext, in dem das Foto entsteht. Es ist durchaus üblich, dass bei offiziellen Veranstaltungen und Festen fotografiert wird, sodass von der Tatsache des Fotografiertwerdens niemand überrascht ist.[282] Damit

282 Ähnlich Bayerisches Landesamt für Datenschutzaufsicht, 8. Tätigkeitsbericht 2017/2018, S. 57 unter 8.5, erhältlich unter: https://www.lda.bayern.de/media/baylda_report_08.pdf (03.03.2023).

folgt die Rechtfertigung des Fotografierens ebenfalls aus Art. 6 Abs. 1 lit. f) EU-DSGVO.[283] Etwas anderes kann man allerdings annehmen, wenn jemand durch deutliche Gesten das Fotografiertwerden »abwehrt«. Im Hinblick auf die besondere Betonung der Interessen und Grundrechte von Kindern in dieser Vorschrift wird zuweilen allerdings infrage gestellt, ob sich eine Rechtfertigung des Fotografierens auch von Kindern aus der Norm ergeben kann.[284] Um das wichtige Vertrauensverhältnis zu den Eltern nicht zu gefährden, sollte man daher als Einrichtung beim Fotografieren von Kindern immer auf den Weg der Einwilligung der Eltern als Erziehungsberechtigte setzen.[285]

Eine Besonderheit ergibt sich bei der Einwilligung von Personen im Kontext besonders »geschützter Daten«: Wenn z. B. ein Selbsthilfeverein von psychisch erkrankten Menschen Fotos auf seiner Tagung oder seinem Fest machen möchte, wird man davon ausgehen müssen, dass ein nicht unwesentlicher Teil der Fotografierten von der Erkrankung betroffen ist, sodass hier gesundheitsbezogene Daten berührt sind. Die Verarbeitung solcher Daten ist jedoch nur unter den strengeren Voraussetzungen des Art. 9 Abs. 2 EU-DSGVO zulässig. Praktisch kommt daher hier nur die ausdrückliche Einwilligung als Zulässigkeitstatbestand in Betracht (Art. 9 Abs. 2 lit. a) EU-DSGVO).[286]

**Rechtfertigung für das Veröffentlichen des Fotos:** Schließlich bedarf auch die Veröffentlichung des Fotos, sei es in klassischen Medien wie einer Zeitschrift oder einem gedruckten Jahresbericht, sei es in modernen Medien wie auf einer Homepage, in einem Newsletter oder in den Social Media, einer Rechtfertigung. Diese kann sich entweder aus einer Einwilligung des Fotografierten oder aus einem Gesetz ergeben. In Bezug auf Letzteres ergibt sich allerdings die zusätzliche rechtliche Herausforderung, dass weitere gesetzliche Regelungen ins Spiel kommen, nämlich §§ 22 f.

283 Ähnlich Bayerisches Landesamt für Datenschutzaufsicht, 8. Tätigkeitsbericht 2017/2018, S. 57 unter 8.5, erhältlich unter: https://www.lda.bayern.de/media/baylda_report_08.pdf (03.03.2023).

284 Für die Rechtfertigung dagegen z. B. das Bayerische Landesamt für Datenschutzaufsicht in seinem Praxisratgeber »Bilder und Verein«, sofern ein Zusammenhang mit dem Vereinsleben besteht, S. 3 f. unter 2.1.2, erhältlich unter: https://www.lda.bayern.de/media/veroeffentlichungen/FAQ_Bilder_und_Verein.pdf (04.07.2023), und ebenfalls Bayerisches Landesamt für Datenschutzaufsicht, 8. Tätigkeitsbericht 2017/2018, S. 101 unter 17.4, erhältlich unter: https://www.lda.bayern.de/media/baylda_report_08.pdf (03.03.2023).

285 Ähnlich Bayerisches Landesamt für Datenschutzaufsicht, 8. Tätigkeitsbericht 2017/2018, S. 56 unter 8.5, erhältlich unter: https://www.lda.bayern.de/media/baylda_report_08.pdf (03.03.2023).

286 So ausdrücklich Bayerisches Landesamt für Datenschutzaufsicht, 8. Tätigkeitsbericht 2017/2018, S. 101 f. unter 17.4, erhältlich unter: https://www.lda.bayern.de/media/baylda_report_08.pdf (03.03.2023).

KunstUrhG, die als Ausprägung des allgemeinen Persönlichkeitsrechts aus Art. 2 Abs. 1 i. V. m. Art. 1 Abs. 1 GG das Recht am eigenen Bild schützen wollen. Dadurch soll die Selbstbestimmung der auf dem Foto abgebildeten Person gewahrt werden.[287]

Es ist daher anerkannt, dass für die Veröffentlichung zu journalistischen Zwecken aufgrund der Öffnungsklausel für nationales, deutsches Recht in Art. 85 Abs. 2 EU-DSGVO (sog. Medienprivileg) (nur) die Anforderungen nach §§ 22 f. KunstUrhG für eine Veröffentlichung des Fotos erfüllt sein müssen (s. dazu konkret im nachfolgenden Absatz).[288] Nicht abschließend geklärt ist jedoch, ob das Kunsturhebergesetz auch bei sonstigen Veröffentlichungen, die weder journalistischen, wissenschaftlichen, künstlerischen noch literarischen Zwecken dienen, gegenüber der EU-DSGVO vorrangig ist. Dafür wird geltend gemacht, dass die §§ 22 f. KunstUrhG nach Art. 85 Abs. 1 EU-DSGVO auch nach Inkrafttreten der EU-Datenschutz-Grundverordnung fortgelten. In der Gerichtspraxis kann diese rechtswissenschaftliche Streitfrage häufig offen und unentschieden bleiben, weil die Anforderungen an die Rechtfertigung der Veröffentlichung nach §§ 22 f. KunstUrhG und Art. 6 Abs. 1 lit. a) und f) EU-DSGVO im Ergebnis sehr ähnlich sind und eine Entscheidung zum Vorrang des Kunsturhebergesetzes daher i. d. R. nicht entscheidungserheblich ist.[289] Ein Unterschied ergibt sich aber im Hinblick auf die Einwilligung. Denn eine solche ist nach Art. 7 Abs. 3 S. 1 EU-DSGVO jederzeit frei widerruflich, während für den Widerruf einer Einwilligung im Kontext des § 22 KunstUrhG ein wichtiger Grund oder eine nachweisliche Änderung der inneren Einstellung aufgrund eines grundlegenden Überzeugungswandels des Einwilligenden gefordert wird.[290] Es spricht daher viel dafür, dass sich die Veröffentlichung von Fotos, die nicht dem Medienprivileg unterfällt, an Art. 6 Abs. 1 lit. a) EU-DSGVO (Einwilligung) oder Art. 6 Abs. 1 lit. f) EU-DSGVO (berechtigtes Interesse) messen lassen muss.

---

287 BGH v. 14.04.1992 – VI ZR 285/91 – juris Rn. 8; *Herrmann* (2023) in: Gersdorf; Paal (Hg.): BeckOK Informations- und Medienrecht, § 22 KunstUrhG Rn. 3.

288 Vgl. grundlegend BGH v. 07.07.2020 – VI ZR 250/19 – juris Rn. 10; BGH v. 16.02.2021 – VI ZA 6/20 – juris.

289 OVG Niedersachsen v. 19.01.2021 – 11 LA 16/20 – juris Rn. 37; LG Frankfurt v. 13.09.2018 – 2-03 O 238/18 – juris Rn. 25 m. w. N. zum Streitstand. So auch aus der Literatur: *Kirchhoff* (2021), NVwZ, S. 1177 u. 1181.

290 *Herrmann* (2023) in: Gersdorf; Paal (Hg.): BeckOK Informations- und Medienrecht, § 22 KunstUrhG Rn. 20 m. w. N.

Das Kunsturhebergesetz erlaubt die Verbreitung oder öffentliche Zurschaustellung eines Fotos nur entweder mit Einwilligung des Abgebildeten (s. § 22 Abs. 1 S. 1 KunstUrhG) oder bei Vorliegen gesetzlicher normierter Ausnahmetatbestände nach § 23 Abs. 1 KunstUrhG, sofern nicht dadurch ein berechtigtes Interesse des Abgebildeten verletzt wird (§ 23 Abs. 2 KunstUrhG). Von diesen Ausnahmen könnte im vorliegenden Zusammenhang der sozialpsychiatrischen Arbeit Folgendes praktisch relevant werden:

- Es könnte sich um ein Bild der Zeitgeschichte handeln (§ 23 Abs. 1 Nr. 1 KunstUrhG). Zeitgeschichte ist dabei recht weit dahingehend zu verstehen, dass es um eine Frage von allgemeinem gesellschaftlichem Interesse geht, die vom Informationsbedarf der Öffentlichkeit geprägt wird.[291] Das wird man z. B. annehmen können im Zusammenhang mit einer Berichterstattung über die historische Vergangenheit der Behandlung in psychiatrischen Krankenhäusern, die Missstände aufzeigt, wie die Abbildung einer »Verwahrung« von Patienten in vergitterten Betten.
- Zulässig ist ferner die Veröffentlichung von Bildern, auf denen die abgebildeten Personen nur »Beiwerk neben einer Landschaft oder sonstigen Örtlichkeit« sind (§ 23 Abs. 1 Nr. 2 KunstUrhG). Es kommt mithin auf einen Gesamteindruck des Fotos an. Würde man die Person hinwegdenken und der Gegenstand und Charakter des Bildes bliebe unverändert, mithin wenn Zweck der Abbildung keine Personendarstellung, sondern die Abbildung von Landschaft oder Örtlichkeit ist, dann ist eine Veröffentlichung nach § 23 Abs. 1 Nr. 2 KunstUrhG zulässig.[292] Im sozialpsychiatrischen Kontext könnte man z. B. an die Veröffentlichung von Fotos einer Rehabilitationsklinik »im Grünen« denken, bei der es zentral auf die Hervorhebung des natürlichen, gesundheitsförderlichen Umfelds ankommt und nicht um die Darstellung einzelner Personen geht.
- Schließlich könnte man an Bilder denken von »Versammlungen, Aufzügen und ähnlichen Vorgängen, an denen die dargestellte Person teilgenommen hat« (s. § 23 Abs. 1 Nr. 3 KunstUrhG). Dabei muss es um einen Vorgang in der Öffentlichkeit gehen, der durch das Foto dargestellt werden soll. Die einzelne Person darf aufgrund der Größe

291 *Herrmann* (2023) in: *Gersdorf; Paal (Hg.):* BeckOK Informations- und Medienrecht, § 23 KunstUrhG Rn. 2 f. m. w. N.

292 *Herrmann* (2023) in: *Gersdorf; Paal (Hg.):* BeckOK Informations- und Medienrecht, § 23 KunstUrhG Rn. 21.

der Versammlung dabei nicht im Vordergrund der Abbildung stehen. Die Berichterstattung über das Geschehene bildet dann die Rechtfertigung für die Veröffentlichung.[293] Im sozialpsychiatrischen Zusammenhang mag die Regelung einschlägig sein, wenn es um die Berichterstattung über eine Demonstration gegen Engpässe in der psychiatrischen Versorgung geht. Übliche Feste von Einrichtungen werden dagegen noch nicht die »kritische Größe« haben, um einen »ähnlichen Vorgang« wie eine »Versammlung« oder einen »Aufzug« i. S. d. Vorschrift annehmen zu können. Zudem ist für die Zulässigkeit der Veröffentlichung nach § 23 Abs. 1 Nr. 3 KunstUrhG immer ein »kollektiver Wille gemeinsamen Tuns« notwendig, damit die Regelung nicht ihre Konturen verliert.[294] Allein das zufällige Zusammensein auf einem Einrichtungsfest ist dafür nicht ausreichend.

Bei einer Interessenabwägung nach Art. 6 Abs. 1 lit. f) EU-DSGVO sind die Umstände der Anfertigung einer Fotografie ganz entscheidend. Es wird insofern vertreten, dass die grundrechtlich geschützte Meinungs- und Informationsfreiheit dazu führe, dass bei öffentlichen Veranstaltungen oder bei Fotografien im öffentlichen Raum regelmäßig von einem überwiegenden Interesse des Fotografen auszugehen ist, es sei denn, die Fotografie erfolgt heimlich oder verdeckt, sie berührt die Intimsphäre des Fotografierten oder kann diskreditierend oder diskriminierend wirken.[295] In diesem Fall müsste Frau Mittelstädt der Veröffentlichung zustimmen.

## Arbeitssituation 11: Die Klientin verlässt die Einrichtung

Nach zwei Jahren hat sich Frau Mittelstädt insgesamt gut stabilisiert. In der Zwischenzeit war kein Klinikaufenthalt mehr notwendig. Nach einer Maßnahme bei einem Berufsbildungswerk arbeitet sie Teilzeit in einem Inklusionsbetrieb. Sie kommt dort gut mit den Anforderungen zurecht

---

**293** *Herrmann* (2023) in: *Gersdorf; Paal (Hg.)*: BeckOK Informations- und Medienrecht, § 23 KunstUrhG Rn. 22.

**294** OLG München v. 13.11.1987 – 21 U 2979/87 – juris Rn. 33 f.; *Herrmann* (2023) in: Gersdorf; Paal (Hg.): BeckOK Informations- und Medienrecht, § 23 KunstUrhG Rn. 23.

**295** So ausdrücklich die Antwort des Parlamentarischen Staatssekretärs Krings auf eine parlamentarische Anfrage, BT-Drs. 19/4421, S. 47, 48. Ähnlich Bayerisches Landesamt für Datenschutzaufsicht, 8. Tätigkeitsbericht 2017/2018, S. 57 unter 8.5 sowie S. 101 unter 17.4, erhältlich unter: https://www.lda.bayern.de/media/baylda_report_08.pdf (03.03.2023).

und ist eine geschätzte Mitarbeiterin. In dem Inklusionsbetrieb hat sie gelegentlich noch eine Sozialarbeiterin als Ansprechperson. Diese Begleitung reicht ihr aus, sodass sie das ambulant Betreute Wohnen beenden möchte.

**In dieser Arbeitssituation werden folgende datenschutzrechtliche Problemkomplexe berührt:**

- **Beendigung einer Betreuungsmaßnahme (bezogen auf Einrichtungs- und Kostenträger)**

Die Prinzipien der Speicherbegrenzung (s. vertiefend S. 30) und der Datenminimierung (s. vertiefend S. 29) lassen sich dafür anführen, dass nach dem Ende der Betreuung nicht mehr für die Maßnahme benötigte Daten prinzipiell zu löschen sind. Freilich sind vorrangig gegenüber einer sofortigen Löschung sonstige gesetzliche Aufbewahrungs- und Dokumentationspflichten zu beachten, beispielsweise die steuerrechtlichen Aufbewahrungsvorschriften für Bücher, Buchungsbelege und Geschäftsbriefe (§ 147 Abgabenordnung) sowie die für Kaufleute wie gemeinnützige GmbHs geltenden Aufbewahrungsregeln für Handelsbücher und Handelsbriefe (§§ 257, 238 f. HGB). Die Psychiaterin von Frau Mittelstädt müsste die Patientenakte sogar für die Dauer von zehn Jahren nach Abschluss der Behandlung aufbewahren (§ 630f Abs. 3 BGB).

Außerdem dürfte es gut vertretbar sein, die Daten nicht sofort nach dem Maßnahmenende unwiderruflich zu löschen, wenn es noch eine gewisse Wahrscheinlichkeit gibt, dass es zu einem weiteren Kontakt mit der Klientin kommt (vgl. vertiefend zum Prinzip der Speicherbegrenzung und möglichen zeitlichen Begrenzungen S. 30).

# Literaturverzeichnis

Artikel-29-Datenschutzgruppe (2010): Stellungnahme 1/2010 zu den Begriffen »für die Verarbeitung Verantwortlicher« und »Auftragsverarbeiter« (WP 169–00264/10/DE. https://ec.europa.eu/justice/article-29/documentation/ opinion-recommendation/files/2010/wp169_de.pdf (03.07.2023).

Bayerisches Landesamt für Datenschutzaufsicht (2019a): Praxisratgeber »Bilder und Verein«. https://www.lda.bayern.de/media/veroeffentlichungen/FAQ_Bilder_und_Verein.pdf (03.07.2023).

Bayerisches Landesamt für Datenschutzaufsicht (2019b): 8. Tätigkeitsbericht 2017/2018. https://www.lda.bayern.de/media/baylda_report_08.pdf (03.07.2023).

Bieresborn, D. (2017a): Sozialdatenschutz nach Inkrafttreten der EU-Datenschutzgrundverordnung – Teil 1: Anpassung des nationalen Sozialdatenschutzes an das europäische Recht. NZS: 887–892.

Bieresborn, D. (2017b): Sozialdatenschutz nach Inkrafttreten der EU-Datenschutzgrundverordnung – Teil 2: Verarbeiten von Sozialdaten, Reichweite von Einwilligungen, grenzüberschreitende Datenübermittlung und Auftragsverarbeitung. NZS: 926–933.

Bieresborn, D. (2018): Sozialdatenschutz nach Inkrafttreten der EU-Datenschutzgrundverordnung – Teil 3: Betroffenenrechte, Aufsichtsbehörden und Datenschutzbeauftragte, neue Zuständigkeiten für die Sozialgerichtsbarkeit. NZS: 10–16.

Der Bundesbeauftragte für den Datenschutz und die Informationsfreiheit (2019): 27. Tätigkeitsbericht 2017–2018. https://www.bfdi.bund.de/SharedDocs/Downloads/DE/Taetigkeitsberichte/27TB_17_18.html (03.07.2023).

Der Bundesbeauftragte für den Datenschutz und die Informationsfreiheit (2020): Rundschreiben zu WhatsApp vom 14.04.2020 an alle Bundesministerien und obersten Bundesbehörden. https://www.bfdi.bund.de/SharedDocs/Downloads/DE/DokumenteBfDI/Rundschreiben/

Allgemein/2020/Rundschreiben-Nutzung-WhatsApp.html (03.07.2023).

Der Landesbeauftragte für den Datenschutz und die Informationsfreiheit Rheinland-Pfalz (o. J.): Stichwort WhatsApp. https://www.datenschutz.rlp.de/de/themenfelder-themen/whatsapp/ (03.07.2023).

DGGG/DGPPN/DGN (Hg.) (2020): Einwilligung von Menschen mit Demenz in medizinische Maßnahmen. https://www.awmf.org/uploads/tx_szleitlinien/108-001l_S2k_Einwilligung_von_Menschen_mit_Demenz_in_medizinische_Ma%C3%9Fnahmen_2020-10_01.pdf (03.07.2023).

Dierks, C.; Roßnagel, A. (2019): Sekundärnutzung von Sozial- und Gesundheitsdaten – Rechtliche Rahmenbedingungen. Berlin: Medizinisch Wissenschaftliche Verlagsgesellschaft.

Freund, R.; Shagdar, A. (2018a): Sozialdatenschutz – europäisch? (Teil I) Sozialdatenschutzrecht im Lichte der Datenschutz-Grundverordnung. SGb 4: 195–205.

Freund, R.; Shagdar, A. (2018b): Sozialdatenschutz – europäisch? (Teil II) Sozialdatenschutzrecht im Lichte der Datenschutz-Grundverordnung. SGb 5: 267–279.

Gersdorf, H.; Paal, B. (Hg.) (2023): BeckOK Informations- und Medienrecht. 40. Aufl. München: Beck.

Golland, A. (2020): Die »private« Datenverarbeitung im Internet. Verantwortlichkeiten und Rechtmäßigkeit bei Nutzung von Plattformdiensten durch natürliche Personen. ZD: 397–403.

Grabitz, E.; Hilf, M.; Nettesheim, M. (Hg.) (2023): Das Recht der Europäischen Union. Kommentar. 78. Ergänzungslieferung. München: Beck.

Hauck, K.; Noftz, W. (Hg.) (2023): Sozialgesetzbuch (SGB) II: Bürgergeld, Grundsicherung für Arbeitsuchende. Kommentar. Stand 1. EL 2023. Berlin: Erich Schmidt Verlag.

Herfurth, C. (2018): Interessenabwägung nach Art. 6 Abs. 1 lit. f) DS-GVO – Nachvollziehbare Ergebnisse anhand von 15 Kriterien mit dem sog. »3x5-Modell«. ZD: 514–520.

Hoffmann, B. (2017): Einwilligung der betroffenen Person als Legitimationsgrundlage eines datenverarbeitenden Vorgangs im Sozialrecht nach dem Inkrafttreten der DSGVO. NZS: 807–812.

Hundt, M. (2019): Datenschutz in der Kinder- und Jugendhilfe. Regensburg: Walhalla.

Kirchhoff, G. (2021): Polizeiliche Maßnahmen bei Film- und Fotoaufnahmen. NVwZ: 1177–1183.

Krahmer, U. (Hg.) (2023): Sozialdatenschutzrecht, Persönlichkeitsschutz nach SGB I, SGB X, DS-GVO. Handkommentar. 5. Aufl. Baden-Baden: Nomos.

Krahmer, U.; Palsherm, I. (2019): Der neue Sozialdatenschutz nach dem Inkrafttreten der EU-Datenschutz-Grundverordnung – mit besonderem Blick auf seine Bedeutung für die Sozialarbeit/-pädagogik. ZFSH/SGB: 600–611.

Krusche, J. (2020): Kumulation von Rechtsgrundlagen zur Datenverarbeitung. ZD: 232–237.

Kühling, J.; Buchner, B. (Hg.) (2020): Datenschutz-Grundverordnung, Bundesdatenschutzgesetz (DS-GVO/BDSG). Kommentar. 3. Aufl. München: Beck.

Kühling, J.; Klar, M.; Sackmann, F. (2021): Datenschutzrecht. 5. Aufl. Heidelberg: C.F. Müller.

Kunkel, P.-C.; Kepert, J.; Pattar, A. K. (Hg.) (2022): Sozialgesetzbuch VIII. Kinder- und Jugendhilfe. Lehr- und Praxiskommentar. 8. Aufl. Baden-Baden: Nomos.

Laufs, A.; Kern, B.-R.; Rehborn, M. (Hg.) (2019): Handbuch des Arztrechts. 5. Aufl. München: Beck.

Lipp, V. (2016): Der rechtliche Schutz vulnerabler Patienten – Zum Zusammenspiel von Erwachsenenschutzrecht und Medizinrecht. MedR: 843–850.

Maunz, T.; Dürig, G. (Hg.) (2022): Grundgesetz-Kommentar. 99. Ergänzungslieferung. München: Beck.

Maus, C. (2020): Kostenerstattung bei Einsichtnahme in die Patientenakte nach der DSGVO? Anmerkung zu LG Dresden v. 29.05.2020 – 6 O 76/20. jurisPR-MedizinR, 11: Anm. 1.

Paal, B.; Pauly, D. (Hg.) (2021): Datenschutz-Grundverordnung Bundesdatenschutzgesetz (DS-GVO BDSG). Kommentar. 3. Aufl. München: Beck.

Palsherm, I. (2021): Freie Träger und der Datenschutz im Sozialbereich. ZFSH/SGB: 14–25.

Papenheim, H.-G. (2009): Schutz der Persönlichkeit durch Schweigepflichten und Datenschutz in der Sozialen Arbeit. Forum Sozial 1: 12–16.

Papenheim, H.-G. (2018): Datenschutz in caritativen Einrichtungen. Sozialrecht aktuell (SRa): 219–225.

Pehl, M.; Knödler, C. (2020): Datenschutz und Schweigepflicht in der Sozialen Arbeit. Regensburg: Walhalla.

Schantz, P. (2016): Die Datenschutz-Grundverordnung – Beginn einer neuen Zeitrechnung im Datenschutzrecht. NJW: 1841–1847.

Schlegel, R.; Voelzke, T.; Mutschler, B.; Palsherm, I. (Hg.) (2017): juris Praxiskommentar SGB X. 2. Aufl. Saarbrücken: Juris.

Schönke, A.; Schröder, H. (Hg.) (2019): Strafgesetzbuch. Kommentar. 30. Aufl. München: Beck.

Schwartmann, R.; Jaspers, A.; Thüsing, G.; Kugelmann, D. (Hg.) (2020): DS-GVO/BDSG: Datenschutz-Grundverordnung, Bundesdatenschutzgesetz. Kommentar. 2. Aufl. Heidelberg: C.F. Müller.

Spickhoff, A. (Hg.) (2022): Medizinrecht. 4. Aufl. München: Beck.

Walther, C.; Deimel, D. (2022): Theorien und Konzepte Klinischer Sozialarbeit in der Psychiatrie. In: Bischkopf, J.; Deimel, D.; Walther, C.; Zimmermann, R.-B. (Hg.): Soziale Arbeit in der Psychiatrie. Lehrbuch. Köln: Psychiatrie Verlag, S. 40–70.

Wichtermann, M. (2016): Einführung eines Datenschutz-Management-Systems im Unternehmen – Pflicht oder Kür? – Kurzüberblick über die Erweiterungen durch die DS-GVO. ZD: 421–422.

Wolff, H. A.; Brink, S. (Hg.) (2023): BeckOK Datenschutzrecht. 44. Aufl. München: Beck.

# 2 Psychische Erkrankung und seelische Behinderung in gesetzlichen Regelungen

**In diesem Kapitel geht es um die Frage, wie Betroffene mit psychischen Erkrankungen oder seelischen Beeinträchtigungen in Gesetzen bezeichnet werden und wie das Vorliegen einer psychischen Erkrankung oder seelischen Beeinträchtigung im Recht festgestellt wird.**

## 2.1 Krankheitsbegriff

Der Umgang mit den Betroffenen ist auch sprachlich von zentraler Bedeutung, um Diskriminierung und Etikettierung als Folge psychiatrischer Diagnosen zu vermeiden. Dem wird die gesetzliche Terminologie bisher nur teilweise gerecht. Der juristische Krankheitsbegriff ist dabei nicht mit dem medizinischen Krankheitsbegriff zu verwechseln, beide sind zudem abhängig von gesellschaftlichen Entwicklungen und politischen Entscheidungen.

Durch die Vorschriften der UN-BRK und die Neufassung des § 2 SGB IX wurde der Begriff der Behinderung dem heutigen Verständnis von Behinderung angepasst. Die Diskussion um die Beschreibung des leistungsberechtigten Personenkreises im Bereich der Eingliederungshilfe (§ 99 SGB IX) beleuchtet die Schwierigkeiten bei der Begriffsbestimmung unter Berücksichtigung sozialpolitischer Ziele (keine Veränderung des anspruchsberechtigten Personenkreises).

### 2.1.1 Gesetzesterminologie

In verschiedenen rechtlichen Regelungen und Kontexten werden die Begriffe »psychische Krankheit«, »seelische Behinderung« oder ähnliche Ausdrücke verwendet. Es ist dem Gesetzgeber bisher nicht gelungen, sich in den unterschiedlichen Gesetzen auf eine zeitgemäße, einheitliche und diskriminierungsfreie Terminologie zu verständigen. So finden sich antiquierte und diskriminierende Umschreibungen wie »krankhafte Störung der Geistestätigkeit« (§ 104 BGB) neben Begriffen wie »krankhafte seelische Störung« und »schwere andere seelische Störung« (§ 20 StGB) sowie psychiatrische Begriffe wie »Psychose«, »psychische Störung« oder »mit dem Verlust der Selbstkontrolle einhergehende Abhängigkeit von Suchtstoffen« (in verschiedenen PsychKG). Erst mit dem Betreuungsrecht (1992) tauchten dann die Begriffe »psychische Krankheit« und »seelische Behinderung« auf, die längere Zeit auch im Sozialrecht verwendet wurden.

In der ab 2023 geltenden Fassung des Betreuungsrechts ist bei den Voraussetzungen der Betreuerbestellung nur noch von »Krankheit« und »Behinderung« die Rede (§ 1814 BGB), bei den Voraussetzungen der freiheitsentziehenden Unterbringung, den freiheitsentziehenden Maßnahmen und den ärztlichen Zwangsmaßnahmen wird weiterhin von »psychischer Krankheit« und »geistiger« oder »seelischer Behinderung« gesprochen (§§ 1831, 1832 BGB). Die Begriffe »Krankheit«, »Störung« und »Behinderung« werden meistens undifferenziert nebeneinander verwendet.

### 2.1.2 Begriff der Behinderung

Im SGB IX wird seit 2018 in Anknüpfung an die Terminologie in Artikel 1 UN-BRK von »seelischen« oder »geistigen Beeinträchtigungen« gesprochen. Danach sind Menschen mit Behinderungen Menschen, die körperliche, geistige, seelische oder Sinnesbeeinträchtigungen haben, die sie in Wechselwirkung mit einstellungs- und umweltbedingten Barrieren an der gleichberechtigten Teilhabe an der Gesellschaft mit hoher Wahrscheinlichkeit länger als sechs Monate hindern können (§ 2 Abs. 1 SGB IX, ähnlich § 3 BGG). Dieser Behinderungsbegriff orientiert sich an der Internationalen Klassifikation der Funktionsfähigkeit, Behinderung und Gesundheit (ICF) und bezieht die Wechselwirkung zwischen einer Person mit einem Gesundheitsproblem und den Kontextfaktoren mit ein. Es geht also immer um das Verhältnis zwischen einer Beeinträchtigung und der Umwelt.

Die ICF beschreibt Gesundheit und mögliche Störungen auf drei Ebenen:

- der Person mit körperlichen sowie geistig-psychischen Funktionen: Affektivität, Antrieb, Aufmerksamkeit, Ausdauer, emotionale Stabilität,

Merkfähigkeit, Motivation, Orientierung, Selbstvertrauen, Selbstwertgefühl, Wahrnehmung u.a.;

- der Person als autonom handelndes Subjekt: Fähigkeiten zur zielgerichteten Ausführung von Aktivitäten, z. B. zur Bewältigung der Alltagsanforderungen, zur Erfüllung der beruflichen Anforderungen, zum Aufbau und zur Pflege sozialer Kontakte;
- der Person als Subjekt in Gesellschaft und Umwelt: Teilhabe an Ausbildung, am Arbeitsleben, am sozialen, kulturellen und sozialen Leben.
- Grundsätzlich liegt dieses Verständnis von Behinderung auch der UN-BRK zugrunde.

Das biopsychosoziale Krankheitsmodell hat sich von einer rein biologischen Sichtweise gelöst. Nur auf der ersten Ebene wird das Problem auf der Grundlage der Internationalen Klassifikation der Krankheiten (ICD) beschrieben. Auf der zweiten Ebene sind die sozialen Verhältnisse im Sinne einer Teilhabeorientierung einzubeziehen. Das entspricht dem in der Sozialpsychiatrie bereits seit Langem vertretenen mehrdimensionalen Krankheitsbegriff.

Eine Behinderung im Sinne der UN-BRK liegt insbesondere vor, wenn und solange Betroffene aufgrund ihrer Beeinträchtigung stigmatisiert werden und daraufhin soziales Vermeidungsverhalten zeigen. Dies hat das Bundesarbeitsgericht für einen Betroffenen mit einer symptomlosen HIV-Infektion entschieden (BAG vom 19.12.2013 – Az. 6 AZR 190/1; R&P 2014, 151). Die Grundsätze dieser Entscheidung lassen sich gut auf Menschen mit psychischen Erkrankungen übertragen.

## 2.2 Feststellung von Krankheit und Behinderung

Die Feststellung, ob eine psychische Krankheit oder seelische Behinderung im Sinne der jeweiligen Gesetze vorliegt, obliegt dem zuständigen Gericht oder (im Verwaltungs- und Sozialrecht) der zuständigen Behörde in eigener Verantwortung. Allerdings muss das Gericht grundsätzlich ein psychiatrisches Sachverständigengutachten einholen, wenn es um die Feststellung einer psychischen Krankheit geht.